TRANS
TRANS
TRANS
TRANS
TRANS

Samuel Champagne

TRANS
TRANS
TRANS
TRANS
TRANS
TRANS

ÉDITIONS DE MORTAGNE

Catalogage avant publication de Bibliothèque et Archives nationales du Québec et Bibliothèque et Archives Canada

Champagne, Samuel, 1985-
Trans
ISBN 978-2-89662-684-7
1. Champagne, Samuel, 1985- 2. Écrivains québécois - 21e siècle - Biographies. 3. Transsexuels - Québec (Province) - Biographies. I. Titre.

PS8605.H352Z46 2017 C843'.6 C2016-942534-7
PS9605.H352Z46 2017

Édition
Les Éditions de Mortagne
C.P. 116
Boucherville (Québec) J4B 5E6
Tél. : 450 641-2387
Téléc. : 450 655-6092
editionsdemortagne.com

Dépôt légal
Bibliothèque et Archives Canada
Bibliothèque et Archives nationales du Québec
Bibliothèque nationale de France
2e trimestre 2017

ISBN 978-2-89662-684-7
ISBN (EPDF) 978-2-89662-685-4
ISBN (EPUB) 978-2-89662-686-1

1 2 3 4 5 – 17 – 21 20 19 18 17

Imprimé au Canada

Gouvernement du Québec — Programme de crédit d'impôt pour l'édition de livres — Gestion SODEC.

Financé par le gouvernement du Canada | Canada

ASSOCIATION NATIONALE DES ÉDITEURS DE LIVRES

Membre de l'Association nationale des éditeurs de livres (ANEL)

Pour ceux et celles qui vont à contre-courant.
Qu'ils soient trans ou non.
Pour ceux et celles qui ont peur des montagnes,
mais qui les gravissent quand même.

Que tes gestes reflètent tes espoirs et non tes peurs.

– Nelson Mandela

Je ne suis pas fou,
ma réalité est seulement différente de la vôtre.

– Chat du Cheshire, *Alice au pays des merveilles*

NOTE DE L'AUTEUR

Le nom de certaines personnes
a été changé afin de préserver
leur anonymat.

AVANT MOI

À ma naissance, on a dit à ma mère que j'étais une petite fille. On a eu tort.

L'histoire que je vous invite à lire est très intime, personnelle. Si bien que ce livre a bien failli ne pas exister. Qui voudrait donner accès à ses souvenirs les plus douloureux à des inconnus ? D'ailleurs, mon histoire est-elle vraiment si spéciale ? Au moment d'écrire ces lignes, j'en suis encore incertain. Des portes que je pensais closes ne le sont manifestement pas. Je croyais être plus fort que les insultes potentielles, je croyais être rendu à une étape de mon cheminement où, si on me traite de tous les noms, si on ridiculise mon parcours, ma vie, je pourrais simplement sourire et passer mon chemin sans me sentir blessé. Il faut supposer que je ne suis pas devenu insensible aux moqueries, et je suis conscient que ce livre pourra servir de munition. Et puis, je suis jeune, est-ce que je *mérite* même d'écrire cette histoire ? J'ai toujours eu cette peur de ne pas être assez bien. Je me demande encore si, du haut de mes trente-deux ans, je suis digne de vous raconter ma vie. N'est-ce pas se prendre pour un autre ? Se gonfler d'importance ? On m'a dit que non, et j'ai fini par le croire, mais longtemps, avant d'accepter ce projet, j'ai pensé que j'étais trop banal pour qu'on prenne le temps de lire *mon* histoire. Toutefois, être banal, c'est justement ce qui compte le plus dans tout ça !

Mon existence ressemble probablement à beaucoup d'autres, ma vie s'apparente sûrement à celle de gens que vous connaissez. Pourquoi vous y arrêter, alors, si ce que vous allez découvrir est très semblable à ce que vous savez déjà ? Parce que mon sentiment ne trouve écho que chez une infime, minuscule part de la population. Parce qu'une personne transsexuelle construit sa vie en porte-à-faux, en décalage. Parce qu'il y a un moment où toute personne transsexuelle se demandera quoi faire pour exister. Pendant longtemps, j'ai eu le sentiment de marcher au travers d'un monde que je ne saisissais pas. Maintenant, je ne peux pas dire que je le comprends tout à fait, oh non, pas du tout. Mais je *me* comprends. Et, pour y arriver, j'ai dû aller au bout, tout au bout… à la limite de ce que je croyais possible, et sauter… pour aboutir dans un lieu qui avait des allures de rêve.

Vous avez déjà regardé des films d'espionnage ? Lu des romans policiers où le détective se démène pour découvrir le coupable ? Être trans ressemble beaucoup à ce type d'histoires. Lorsqu'on réalise que notre apparence ne correspond pas à notre genre, plusieurs options s'offrent à nous. Faire une transition, ne pas faire de transition, jusqu'où aller ? La question « de quoi ai-je besoin pour être heureux ? » est de celles qu'on se pose sans arrêt, vous, moi, tous… Découvrir la réponse demande du temps, de la patience et une grande connaissance de soi. Souvent, la question se transforme et devient : « Sans quoi ne suis-je pas capable de vivre ? » Pour obtenir une réponse, il faut retourner dans le temps, rechercher les émotions, les malaises, les moments de joie. Il faut trouver les indices de notre différence et les remettre en contexte. Il faut voyager à l'intérieur de soi, sans cesse. Il faut jouer les espions.

Être transsexuel ne te donne pas raison sur tout, ne te rend pas plus apte à résoudre des équations mathématiques complexes. Il y a plein de choses qu'être trans ne te donne pas. Ce que tu gagnes, par contre, c'est une vision du monde différente et, pour certains, un désir presque irrépressible de faire changer les choses. La différence entre une personne transsexuelle et transgenre est difficile à faire et occasionne encore des débats. La plupart des gens s'entendent pour dire que, lorsqu'on se fait opérer, on est transsexuel ; sinon, on est transgenre. Mais je ne crois pas que ce soit si simple. Les opérations sont souvent inaccessibles, trop onéreuses, et l'état de santé d'un individu peut l'empêcher d'envisager cette option. C'est un débat dans lequel je ne mets pas les pieds ; je préfère employer le terme « transidentitaire ». Il me semble englober beaucoup plus de gens et limite les exclusions.

De mon enfance jusqu'à aujourd'hui, mon parcours a été semé de plusieurs embûches. Je ne suis pas si vieux, mais je crois que j'ai parcouru un chemin bien plus grand que pourrait le laisser sous-entendre mon âge. Je pense que c'est le cas de tous ceux et celles qui ont dû, un jour, se poser la question : « Est-ce que je vis ou est-ce que je meurs ? » J'ai choisi la vie. Je termine un doctorat, je suis auteur de quatre romans, et bien d'autres sont à venir. J'ai eu deux enfants. J'ai voyagé, sac sur le dos, musique dans les oreilles. J'ai d'innombrables cicatrices, très visibles, et certaines invisibles aussi.

Après que j'ai écrit *Garçon manqué* et *Éloi*, on m'a souvent remercié pour *mon* histoire, pensant que ces récits étaient basés sur mon parcours. Il n'en est rien. La voici, mon histoire.

LES TOUT DÉBUTS

Ma mère avait vingt-deux ans lorsqu'on lui a annoncé qu'elle n'aurait jamais d'enfant. Qu'elle avait moins de chances qu'une personne qui prend la pilule de tomber enceinte. Moins de 0,1 % de chance, donc. Comme vous voyez, j'étais destiné à défier les statistiques.

Ma mère, infographe, passionnée de lecture, sosie de Nana Mouskouri, rebelle qui a déjà décoré une cafétéria avec des soutiens-gorge volés aux bonnes sœurs de son école, qui a brûlé son permis de conduire pour inciter les personnes avec qui elle faisait la fête et qu'elle ramenait chez eux à consommer moins d'alcool… Ma mère voulait des enfants. Sa biologie en a décidé autrement.

Et moi, j'ai contredit sa biologie et le médecin. Tous les six mois, ma mère devait aller à l'hôpital pour faire démarrer ses règles. Sinon, elle risquait de s'empoisonner avec son propre sang. Avant l'intervention, un test de grossesse de routine était nécessaire. Cette fois-là, en juin 1984 : positif.

— Vous avez le bon dossier ? a demandé ma mère à l'infirmière qui lui a transmis la nouvelle par téléphone.

— Je vous assure, c'est le bon.

— Certain? Parce qu'il y a sept ans, on m'a dit…

— C'est positif, madame.

J'étais bel et bien là. Une échographie le lendemain l'a confirmé. Interdiction pour ma mère de faire quoi que ce soit pendant les huit mois suivants. Impossible de savoir le moment de ma conception, on n'a pu établir que le moment de mon arrivée: quelque part en mars… Quelle précision !

Ma mère a eu une fille début mars, comme prédit (il fallait bien que le médecin ait raison sur quelque chose…). Je suis née avec une malformation au pied droit, ce qu'on

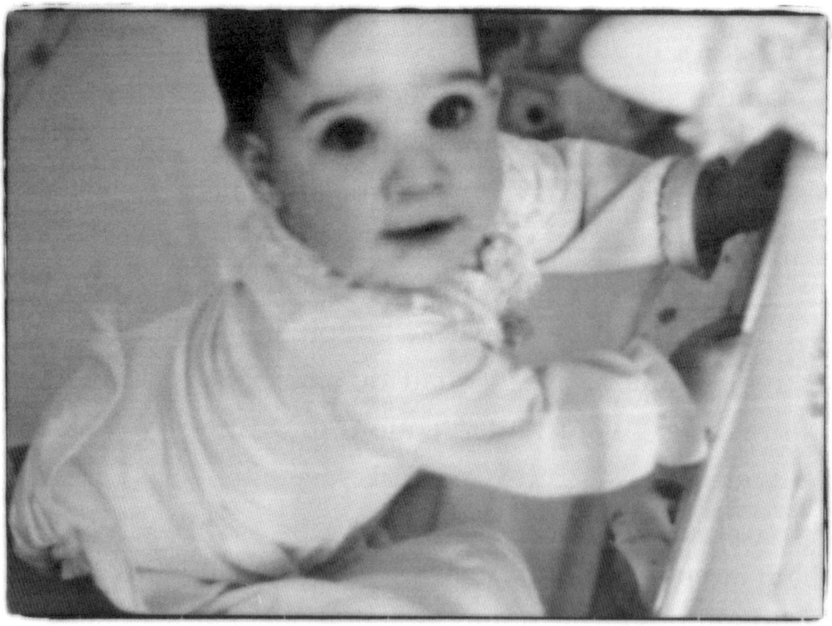

appelle un pied bot varus équin, et une hanche déboîtée. Ma carrière d'athlète olympique commençait bien mal…

J'ai subi trois opérations durant les treize premiers mois de ma vie, pour redresser mon pied et pouvoir marcher. J'ai fait mes premiers pas avec un plâtre et j'ai dormi longtemps avec des bottines reliées par une barre de métal. Elles faisaient un vacarme d'enfer quand je les frappais contre les barreaux de mon lit. Est-ce que je me souciais de ce détail ? Pas du tout. *Bang. Bang.*

Je ne me rappelle évidemment rien de ces moments ; on me les a racontés. Le premier souvenir que j'ai concerne un livre. Un livre et le temps.

Le jour où le temps s'arrêta.

Tourne la page.

Le jour où le temps s'arrêta.

Personne au monde n'est aussi occupé que Timothée Prospère qui doit veiller à ce que tout, sur terre, arrive au bon moment.

J'avais trois ans et je récitais ce livre par cœur en pleine salle d'attente à l'hôpital, sous l'œil ébahi des adultes qui me voyaient tourner la page quand il le fallait, sans faillir. Ma mère aurait pu les laisser s'extasier devant ma remarquable intelligence, mais non... Elle leur expliquait seulement que c'était mon livre préféré. Aujourd'hui, je ne me souviens pas des images, je ne me souviens pas de l'histoire en entier. J'ai cherché à retrouver ce livre, sans succès. J'aurais aimé comprendre ce qui me fascinait dans ces quelques pages. Plus j'y pense, plus je me dis que l'histoire n'avait pas tellement à y voir. C'était l'émotion, l'idée derrière le récit. Timothy, il s'occupait du temps. Tout comme Chilly Billy, un autre de mes héros enfantins, s'occupait d'allumer la lumière dans le réfrigérateur quand quelqu'un ouvrait la porte. Ils

étaient invisibles, personne ne savait tout ce que ces petits bonshommes faisaient pour que le monde tourne rond et pourtant… ils existaient. Dans l'ombre.

Bien sûr, à trois ans, je ne savais pas encore que j'étais de ceux qui existaient dans l'ombre. Je ne suis pas de ces enfants qui, dès qu'ils ont pu parler, ont clamé haut et fort qu'il y avait eu erreur. Longtemps, j'ai cru que j'étais une fille. Et je n'étais pas si malheureuse. Mais, alors, pourquoi une transition ? Pourquoi des cicatrices ? Parce que tant qu'on a un corps d'enfant, parce que tant qu'on est seul avec notre identité, il peut ne pas y avoir de problème. Je n'avais pas mal. Mais on ne peut rester enfant toute notre vie. Et on ne peut certainement pas vivre toute notre vie sans le regard des autres.

MON PÈRE ET LES ABEILLES

Mon père a immigré au Canada quand il avait vingt ans. Il me racontait souvent des histoires sur le Brésil et sur son enfance. Ma peau est blanche, la sienne était très foncée. S'il ne m'a pas légué sa pigmentation, il m'a à tout le moins transmis son imaginaire. Bien que je l'aie peu connu, je crois que nous sommes très semblables. Avant ma naissance, il a eu une carrière de journaliste. Il s'intéressait à la politique internationale et il voyageait dans plusieurs pays.

Mon père parlait onze langues, il était très curieux. La pièce arrière de notre appartement était remplie de ses inventions : un détecteur de fumée au son différent, une radio toute démontée et qui aurait dû, je crois, projeter des images… Quand je voyais mon père le samedi (mes parents se sont séparés quand j'avais quatre ans), on allait toujours à la rencontre de quelques-uns de ses amis : un Mexicain, un Autrichien (l'Autriche allait jouer un rôle important dans ma vie…), un Africain, un Japonais, et qui sais-je encore… Je découvrais des langues que je ne comprenais pas, des cultures aussi. Il venait me prendre chez ma mère et nous allions au Marché Village, un minuscule centre commercial à Brossard, où on passait l'après-midi. Je m'ennuyais, même si j'aimais les odeurs et les kiosques de nourriture du monde. Sinon, nous allions aux Pays d'en haut. Il s'agissait de petites collines derrière la bibliothèque municipale, à quelques mètres seulement de l'appartement que je partageais avec ma mère à La Prairie. Pourquoi ce nom ? Je ne l'ai jamais su ; c'est mon père qui les appelait comme ça. Nous marchions sur les collines, j'y glissais l'hiver, on cherchait des champignons parmi la douzaine d'arbres. Mais, pour moi, c'était une forêt et c'était un vrai pays. Je n'y ai jamais été incommodée par de l'herbe à puce, ce qui est un miracle digne de mention.

Parfois, avec mon père, nous allions chercher des bouchées de poisson pour les manger dans sa vieille voiture, dans le stationnement de la bibliothèque. Je ne me souviens d'aucune des conversations que nous avons eues durant ces moments, mais je sais qu'il y en a eu. Je sens encore le soleil sur ma peau et le goût de la sauce tartare sur ma langue.

Mon père m'a appris à jouer au foot, comme il le faisait au Brésil. Le vrai foot, avec le ballon rond blanc et noir. Je me sentais à ma place, là, entre les poteaux du but, dans les herbes folles du terrain mal entretenu. Il ne jurait que par le sport ; il était en forme, il avait un corps athlétique. Je n'étais pas fan d'exercice, mais je voulais lui faire plaisir…

Sur le terrain, il s'accroupissait souvent et il appelait les abeilles. Il tendait les doigts et, d'une accumulation d'une touffe de fleurs de trèfle, une abeille s'envolait et se posait dans sa paume. À tous les coups.

— À l'*hacienda**, me racontait-il, il y avait toujours des ruches et j'avais peur, je me cachais dans les barils d'olives. Babá m'a dit un jour que je devais apprivoiser mes peurs. Maintenant, je parle aux abeilles parce qu'elles ne m'effraient plus.

— Qu'est-ce que tu leur dis ?

— Ah, ça, c'est un secret.

L'esprit de mon père n'était pas toujours ancré dans le réel, et ça me fascinait. Je crois que le mien, aujourd'hui, s'efforce d'éviter le réel aussi souvent que possible. On en apprend toujours beaucoup sur soi-même quand on laisse le contrôle à son imaginaire. « Allez, imagination, fais ce que tu veux de mes idées, montre-moi jusqu'où je peux penser… » On est sans cesse surpris. Cette leçon, je l'ai apprise avec mon père.

Il y a d'autres choses que j'ai apprises avec lui. Des choses que je n'aurais pas dû apprendre. Encore aujourd'hui, les idées négatives qu'il m'a transmises me reviennent en tête avec beaucoup plus de clarté qu'aucun bon moment. Ces instants ont contrôlé ma vie et la régissent toujours. Je ne

* Grande ferme dans laquelle mon père vivait. Il s'agit habituellement d'un endroit où on retrouve des terres, des bâtiments agricoles, des maisons. Les habitants travaillent pour le propriétaire, en échange d'une parcelle de terre à cultiver.

suis jamais allé au Brésil. Quand je voyage, je ne reste jamais dans les centres touristiques et, avant ma transition, il aurait été dangereux pour moi, en tant que femme (en apparence) blanche ne parlant pas la langue, de m'aventurer dans les villages, les *favelas*. Malgré tout, j'ai toujours eu un intérêt marqué pour ce pays et sa culture. Au-delà des histoires racontées par mon père, j'ai étudié longuement la culture de ce lieu, et ce que j'en ai saisi m'a permis de comprendre mon père plus intimement. Sans justifier son comportement dommageable et ses paroles, je peux tout de même essayer de voir comment son esprit a été construit dans ce pays.

Au Brésil, les classes sociales sont différentes de ce qu'on connaît ici. Les origines sont rarement claires, les teintes brunâtres de peau sont difficiles à catégoriser et il y a un nom pour presque chacune d'entre elles. Le pouvoir et l'argent peuvent changer la couleur de ta peau… ce qui peut être difficile à comprendre dans un univers comme le Québec. Les Brésiliens disent que l'argent blanchit. Si tu as la peau très foncée et que tu occupes un poste d'importance, probablement qu'on te qualifiera de *pardos* (pour le traduire simplement : brun), mais si ton emploi requiert l'usage de tes mains, il est considéré comme non important et il y a de fortes chances que, malgré une peau *morena* (brune), tu sois considéré comme plus noir que métissé.

Pour mon père, les rôles genrés étaient très importants. La culture brésilienne de l'après-Seconde Guerre dans laquelle il a grandi voulait l'homme fort et responsable de la bonne situation financière de sa famille, et la femme, surtout au sein de la classe moyenne et de la classe ouvrière, calme et posée.

Donc, d'un côté, il y avait la couleur de la peau, synonyme d'une certaine réussite sociale, et, d'un autre côté, la place des filles en société. Filles dont tous croyaient, y compris moi, que je faisais partie. Ma mère m'a raconté que, enceinte de moi, elle buvait beaucoup de lait :

— Je vais la pâlir un peu, blaguait-elle.

Elle a réussi, bien plus qu'elle ne l'aurait cru possible. Seulement en été, lorsque je montre les démarcations entre mes paumes et le dessus de mes mains, peut-on voir que, non, mes origines ne sont pas uniquement caucasiennes.

En tant que fille à la peau blanche, j'ai toujours senti que mon père désirait que j'agisse conformément à l'image qu'il se faisait d'une petite fille appartenant à une bonne classe sociale, consciente de son rôle. Mais j'ai été élevée par ma mère, femme célibataire, forte s'il en est une, et je n'étais aucunement disposée à entrer dans un moule.

— Pourquoi tu n'es pas comme ta cousine Mary-Ève, hein ? me disait-il. Regarde comme elle est féminine.

Ma cousine, encore aujourd'hui une fidèle alliée, passait parfois le samedi avec moi. Elle avait les cheveux blonds et un corps frêle, lorsque nous étions enfants. J'avais hérité des cheveux crépus de mon père, que je portais longs, et j'étais enrobée.

— Tu es grosse. Fais attention, personne ne voudra de toi comme ça.

J'avais sept ans.

— Regarde Sophie, comme elle a une jolie robe.

Ma voisine, Sophie, aussi mon amie, n'était pas plus gracieuse que moi, ni blonde, mais elle avait une apparence plus féminine, ce que mon père croyait qu'il me manquait.

— Tu dois toujours être mieux que les autres. C'est comme ça que les choses fonctionnent pour toi.

Pour moi. La personne de race, mais à la peau blanche. C'est ce qu'il voulait dire. J'évitais de discuter de tout ça, de peur de le mettre en colère et de le voir douter de mon intelligence, en plus de douter de mon apparence.

Sois pas grosse.

Sois pas masculine.

Sois intelligente.

Regarde les autres et vois ce qu'ils ont de mieux.

Regarde les autres et compare-toi.

Tout le monde imaginaire que mon père est parvenu à créer autour de moi n'a jamais été aussi puissant que ces idées qu'il a implantées dans ma tête.

Les relations entre ma mère et mon père étaient civiles, sans grande complexité. Il passait les fêtes de Noël avec nous. Je recevais toujours les cadeaux que j'espérais de ma mère (Nintendo 64) et ceux qui laissaient à désirer de mon père (une radio dont il faut tourner le bouton pour atteindre la station voulue n'est sans contredit pas la même chose qu'un lecteur CD...). Ma mère était sévère, mais aussi consciente que j'étais une enfant. Mon père, quant à lui, l'oubliait souvent. Ou, plutôt, il agissait comme si mon éducation devait se conformer à ses mœurs personnelles. Maintenant, je m'en rends compte, mais, avant qu'il ne disparaisse de ma vie un beau jour, comme ça, *pouf !* je voulais lui plaire et je croyais être une mauvaise fille. Mauvaise, pas dans le sens de « méchante », mais mauvaise parce que « inadéquate ».

Je ne comprenais pas tous les paradoxes dans les paroles et les gestes de mon père. Il me trouvait trop grosse, mais, quand on était ensemble, on allait toujours au restaurant, jamais chez lui. Je n'ai aucun souvenir de l'endroit où il vivait. Il ne me trouvait pas assez féminine, mais me poussait vers le sport. Il disait que les filles aimaient l'art – ce que j'adorais aussi –, mais me disait d'étudier les sciences. Il agissait comme si la couleur de ma peau était importante et m'élevait d'une certaine manière, mais il oubliait parfois que nous n'étions pas au Brésil... Il me parlait sans cesse de voyages et d'évasion, me racontait des histoires sur différents pays, tout en me disant de ne pas bouger et de prendre soin de ma mère.

Il me voulait dans la boîte qu'il croyait que je devais occuper, une boîte qui n'a jamais existé dans la culture québécoise, qui plus est. Il me voulait là, jolie, féminine et mince, intelligente, racée.

J'ai essayé de prendre place dans cette boîte et j'y suis arrivée. Pendant un temps. Avec des conséquences désastreuses, d'ailleurs.

Je n'ai pas vu mon père depuis vingt-quatre ans. J'ai reçu quelques lettres, on m'a dit l'avoir aperçu ici et là au fil des ans. Je ne l'ai pas cherché. S'il savait que sa fille n'a jamais réellement existé et que je suis un homme, homosexuel de surcroît, il désapprouverait la vie que je mène aujourd'hui.

FRAGMENTS

Mes souvenirs sont épars. Ils ne sont pas en ordre chronologique, ils ne sont que rarement complets. Quand je me remémore mon enfance, c'est comme si je regardais un de ces View-Master, duquel on doit abaisser le petit levier de plastique pour faire changer l'image.

Je presse le levier.

Je ressemblais à Suzie Frisette, tout le monde le disait. L'enfant avait de longs cheveux bouclés et un sens de la répartie à toute épreuve. J'étais comme elle. Dans le film, elle se léchait les doigts, un par un, tous les dix, avec un *pop!* à chaque doigt. Je faisais pareil et les adultes trouvaient ça amusant.

J'aimais mes cheveux longs, foncés; ils ne me posaient pas problème. Sauf quand ma mère essayait de les démêler avec un peigne. Une brosse, c'était mieux, mais elle n'écoutait pas.

Comme Suzie, je détestais les collants. J'espère que celui ou celle qui a inventé ce truc va se cogner le petit orteil sur le coin d'un meuble… Bref, une robe, d'accord. Mais pas de collants. Je ne faisais jamais de crise pour décider de ce que j'allais porter. J'aimais avoir l'air jolie, les filles sont censées avoir l'air jolies, non? Je n'avais pas trop d'efforts à faire non plus, alors pourquoi pas?

Changement d'image.

J'étais au camping avec ma mère, ma tante, mon oncle et ma grand-mère. J'entendais les grillons qui chantaient, je sentais l'odeur de barbecue et je percevais le *couic-couic* de la chaise berçante de ma grand-mère. Le matin, je la réveillais parce que je parlais trop. Je conversais toute seule, dans mon lit, au fond de la roulotte, je m'inventais une histoire avec mes Barbie et autres trucs du genre.

— Ferme ton petit Canada, me disait-elle.

Manière sympathique de me demander de la boucler. Encore aujourd'hui, dans ma famille, on rit dès que quelqu'un prononce cette phrase. Ma grand-mère a occupé plus de place dans ma vie que mon père. Elle a été la seule, jusqu'à la fin, à pouvoir m'appeler par mon prénom de naissance sans avoir droit à un regard foudroyant. Quelques mois avant son décès, quand je me suis rendu à la résidence pour aînés dans laquelle elle habitait, pour l'aider à prendre son repas, elle m'a présenté à l'infirmière ainsi :

— C'est ma petite-fille. Elle a l'air tranquille, maintenant, mais, quand elle était petite, elle fermait jamais son petit Canada.

J'avais commencé ma transition depuis plus de deux ans, j'avais une barbe, une voix masculine et tout. L'infirmière a eu l'air de se demander pourquoi, tout à coup, madame Champagne mélangeait les genres et m'appelait sa petite-fille. Personnellement, je trouvais ça drôle de voir les visages perplexes des gens. On s'amuse comme on peut, hein.

J'abaisse le levier.

J'étais dans ma chambre avec ma cousine et nous jouions à la poupée. Je ne me souviens plus du prénom qu'avait donné Mary-Ève à sa poupée, mais la mienne s'appelait Jack. Je crois que c'était à cause du film *Jack*, où Robin Williams incarnait un enfant qui grandissait quatre fois trop rapidement, ayant l'apparence d'un homme mûr de quarante ans alors qu'il n'en avait que dix. Un autre indice, je crois bien : j'étais fascinée par sa personnalité d'enfant cachée dans un corps qui n'en laissait rien présager.

Nos bébés, à ma cousine et moi, se faisaient toujours enlever. Ils devaient être sauvés. J'aimais bien les poupées, mais seulement si les personnages pouvaient être courageux et débrouillards. S'il y avait de l'action!

Quand ma cousine et moi jouions aux Barbie, c'était pareil. Sur fond d'histoire d'amour, Ken était le héros et sauvait la damoiselle aux proportions physiques impossibles.

Mes personnages de jeux n'étaient pas chaque fois des garçons, mais ils étaient toujours très entreprenants et proactifs, ça, c'est certain. Mes jouets n'étaient pas tous typiquement masculins non plus. Je n'ai pas le souvenir d'avoir demandé un camion au lieu d'une poupée ni d'avoir souhaité un cours de hockey au lieu d'un cours de dessin. Mes centres d'intérêt ont toujours été très diversifiés, mais ils étaient majoritairement féminins. D'une part, mon père poussait vers moi les activités-objets-jeux plus féminins et, d'autre part, pour être bien honnête, je n'y voyais aucun problème et j'en redemandais. J'étais bien contente de jouer aux Barbie avec Mary-Ève et de discuter pendant plusieurs minutes de la robe que telle ou telle poupée devait porter. Un psychologue dirait que le

fait que je personnifiais un garçon dans mes jeux était un indice, un morceau du puzzle, et que mon intérêt pour les jouets typiquement féminins était le résultat d'un conditionnement. Je n'en sais rien. Peut-être.

Je presse le levier, change l'image.

J'étais avec Sophie, ma voisine. Nous jouions dans sa chambre, cachées de ses sœurs. Je ne me souviens pas de ce qu'on faisait exactement, mais je me rappelle le sentiment. Sa chambre était lumineuse, à l'avant de la maison. De la fenêtre, je voyais la maison de ma grand-mère. Sophie jouait, dans une robe bleue, et je me disais que je voulais être comme elle. J'avais dix ans, je crois bien. Je ne pensais pas à ce qui avait trait à la féminité ou à la grâce. Je songeais seulement qu'elle, elle *fittait*. Il y avait quelque chose dans ses gestes, ses paroles et ses sourires qui m'apparaissait… exact. Approprié. Souhaitable.

Je n'ai pas fait part à Sophie de mon émotion. Qu'est-ce que j'aurais bien pu dire de toute façon? Comment explique-t-on ces choses quand on est enfant? J'entends très souvent parler de jeunes enfants trans qui ont su mettre des mots sur leur vision d'eux-mêmes. Je suis extrêmement heureux pour eux, mais ce ne fut pas mon cas. Ces enfants ont peut-être eux aussi eu l'impression que c'était leur faute, qu'ils étaient responsables de ce sentiment étrange et diffus d'être à côté de la plaque. La différence, c'est qu'ils ont osé en parler. Peut-être, au contraire, savaient-ils qu'ils n'étaient coupables de rien, qu'une raison – somme toute assez simple – justifiait leur émotion: ils n'étaient pas comme les autres le croyaient. Fin de l'histoire. Quand on y pense, ce n'est pas plus compliqué que ça. Dans les grandes lignes. Mais, quand on s'approche, on constate qu'il y a tout un microcosme de facteurs qui font en sorte que se sentir parfois étranger ne rime pas aisément avec transsexualité. Surtout quand, comme moi, on vit dans les années 1990 et qu'on se fait constamment dire qu'on ne répond pas aux attentes. Si j'avais été capable de parler, alors, je me serais probablement tournée vers Sophie et je lui aurais dit :

— Est-ce que tu as déjà eu l'impression de vivre la vie de quelqu'un d'autre ?

Elle aurait repoussé ses longs cheveux noirs vers l'arrière et aurait plissé ses yeux un peu bridés, hérités de ses racines amérindiennes. Peut-être qu'elle aurait ri. Ou peut-être qu'elle aurait voulu des explications, et j'aurais essayé de lui transmettre mon sentiment. Et peut-être qu'on m'aurait trouvée étrange et qu'on m'aurait fait voir un psychologue. Et peut-être que… Ma vie est faite de « peut-être ». En fait, je suppose que toute vie est faite de « peut-être ». C'est seulement que, même aujourd'hui, j'éprouve le regret de ce qui aurait pu être. Car je n'ai rien dit.

Image suivante.

Ma grand-mère avait déménagé, elle n'habitait plus dans la maison de l'autre côté de la rue. Mon oncle et sa conjointe ont pris sa place. Il avait un fils et elle aussi en avait un, avec qui je jouais souvent. Il était de trois ans mon cadet, mais nous avions les mêmes centres d'intérêt. Centres d'intérêt que je ne pouvais pas cultiver à la maison, principalement parce que ma mère n'avait pas les moyens de m'acheter des consoles de jeux vidéo, sauf cette unique fois où, après des années d'insistance, j'ai eu ce Nintendo 64… que nous nous sommes fait voler lors d'un cambriolage. Et ce n'était certainement pas avec ma cousine que j'allais jouer aux Micro Machines et aux Power Rangers !

Avec Mario, je pouvais inventer des cités de Lego, jouer au Nintendo et avoir un adversaire intéressé, échanger des voitures de la taille d'un petit aiguisoir et discuter des ailerons et des roues. En face, chez moi, je pouvais dessiner et lire, et faire ces autres choses qui m'intéressaient. Je ne me souviens pas de m'être sentie privée de quoi que ce soit, les deux parts de ma sociabilité se complétant sans que j'en sois consciente.

Il y a de ces choses qu'on fait sans en comprendre l'importance. J'ai divisé mes envies pour qu'elles se conforment à ce que les gens attendaient de moi. Je me souviens que je me disais qu'avec Mario, je n'avais pas le choix de jouer avec des voitures et d'autres trucs du genre, et que personne ne se poserait de question sur le fait que ça me plaisait autant. J'étais certaine que ma cousine ou Sophie auraient trouvé bizarre mon envie d'imiter les coups de pied des Power Rangers pendant des heures.

Je ne suis pas de ceux qui croient que les jeux sont de bons indices de l'état trans potentiel d'un individu. On entend souvent, dans les reportages et les témoignages, tel enfant ou tel parent affirmer que son intérêt a immédiatement été porté vers les jouets du genre opposé. Est-ce vraiment un indice du mal-être entier qui habite une personne trans? Parfois oui, parfois non. Encore aujourd'hui, mes centres d'intérêt sont mixtes.

Nouvelle image.

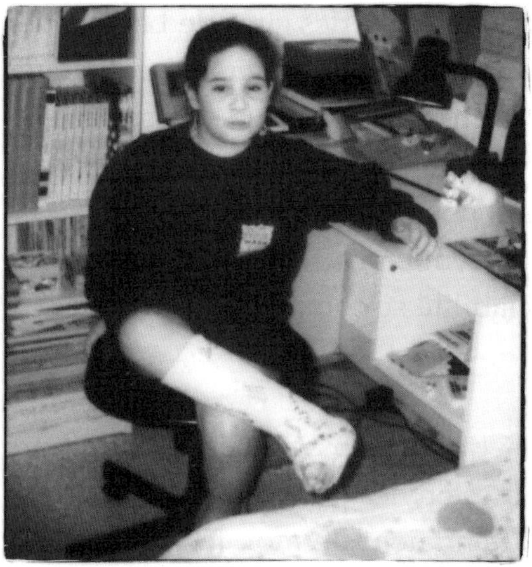

J'avais encore le pied plâtré. On m'avait fait une jambette et voilà... un plâtre. Docteur Benoît était habitué à me voir, j'avais la cheville fragile... Quand ce n'était pas Valérie, la fille de la meilleure amie de ma mère, qui me poussait en fauteuil roulant de la maison à l'école et vice-versa, le pied plâtré protégé par un sac à pain (chic, n'est-ce pas?), c'était ma cousine Nathaly, la sœur de Mary-Ève, de treize ans mon aînée, qui s'en occupait. Elle venait très souvent me garder, et j'adorais sa présence. On jouait à plusieurs jeux de société. Ni ma mère ni mes amis n'aimaient ce genre de choses, alors que, moi, j'appréciais énormément les jeux de société. C'était vrai quand j'avais dix ans, ce l'est encore aujourd'hui.

Ma cousine Nathaly et moi avions un jeu préféré : *Home Alone 2 : Lost in New York*. Il était basé sur le film où Kevin McCallister monte dans le mauvais avion et se retrouve à New York, puis sauve un magasin de jouets de deux méchants. Nous n'y jouions pas pour le défi, mais pour les personnages. Ma cousine trouvait le père de Kevin très attirant, elle faisait des blagues sur le sujet sans arrêt. Pour ma part, je préférais Kevin lui-même. Lui et Nick Carter, le chanteur des Backstreet Boys, m'intéressaient tout particulièrement. Je m'imaginais bien avec ces deux-là. Enfin, un des deux ! J'ai toujours eu un faible pour les gars aux cheveux blonds…

LA MORT DU DIMANCHE

Non, non, ceci n'est pas un chapitre sur la religion ni la messe.

En fait, il s'agit d'une histoire de meurtre et d'émission de télévision amusante. Ce qui, j'en conviens, pourrait faire référence à la religion et à la messe. Mais ce n'est pas le cas.

Tous les dimanches soir, ma mère et moi nous installions au salon pour regarder quelques émissions de variétés. Parmi elles, il y avait *America's Funniest Home Videos*, où un présentateur montrait les mésaventures cocasses que les gens avaient filmées chez eux. C'était avant que tout ne devienne ultra accessible sur YouTube…

Ma mère était assise sur le sol, un oreiller sous les fesses, et elle attachait des sacs avec des lacets. Je l'ai dit, nous n'avions pas beaucoup d'argent; en plus de travailler à temps plein à l'extérieur, elle faisait du travail à domicile pour arrondir nos fins de mois. Aujourd'hui, je me dis que, franchement, j'aurais bien plus l'aider un peu… Ce n'était pas si compliqué et elle faisait ça pour moi, au fond…

Ma mère était donc devant la table basse, et j'étais étendue sur le divan, derrière. Elle n'a donc jamais vu mon visage quand l'Idée me frappait. Idée avec un *I* majuscule. C'était immanquable, pendant des mois, des années même, tous les dimanches, lorsque jouait cette émission, je pensais à la mort. Comment allais-je mourir ? Quand ? Comment se sent-on ? Qu'est-ce qu'on fait après ? Pourquoi serais-je morte et pas quelqu'un d'autre ? Est-ce que je voulais que quelqu'un d'autre meure ? Non, pas du tout. Est-ce que je voulais mourir ? Je ne savais pas. Si je ne le voulais pas, je n'y penserais pas, non ? Si j'y pensais si fort, c'est peut-être que je ne le voulais pas, au fond, pas vrai ?

Toutes les semaines, je m'installais sur le divan, un coussin sous la tête, et l'Idée arrivait. J'avais cette pression au creux de la poitrine, ce picotement dans mes membres, tout plein de pensées qui me tournaient dans la tête. Je ne sais pas pourquoi elles choisissaient ce moment-là pour arriver. À la télé, il y avait ces rires préenregistrés, ma mère rigolait, me tournant le dos, et moi, je pensais à mourir.

Je pensais à ce qui se passerait si je mourais. Parce que ça devait bien arriver un jour, n'est-ce pas ? Je n'étais pas si spéciale que j'allais m'en sauver. Je paniquais, j'avais envie de pleurer. Ce n'était pas tant l'idée de la mort qui me faisait peur que l'incertitude. Quand est-ce que ça arriverait ? Est-ce que je serais satisfaite du moment de ma mort ? Et les questions qui me rendaient encore plus anxieuse et perplexe : est-ce que je trouverais que ce serait trop tard ? Est-ce que je pourrais tenir jusque-là ?

Je n'avais aucune raison valable de penser à ces trucs-là. Ma vie n'était pas si mal. Je ne voyais plus mon père, mais, honnêtement, il ne me manquait pas vraiment. J'avais des amis. Pas des tonnes, mais quelques-uns. Je crois que c'était à l'époque où je suivais des cours d'art avec Lionel, un des grands artistes du coin. Les livres étaient là pour moi et je pouvais m'y perdre. Pourtant, mon inconscient semblait savoir quelque chose que j'ignorais. Il y avait un manque.

L'appartement que j'occupais avec ma mère était au second étage d'un duplex. Le premier étage était habité par une gentille famille : le père, la mère et le fils, de quelques années mon aîné. Nous n'étions pas proches, lui et moi, n'avions aucun ami commun, mais leur présence sous mes pieds m'a marquée. Je sais que nous passions l'Halloween ensemble, j'ai quelques photos de cette époque dans mes albums.

Leur fille adolescente avait été assassinée et le meurtrier courait toujours. Mes angoisses du dimanche ont commencé avant que je ne l'apprenne. Le journal local en parlait de temps en temps, les grands médias y faisaient référence dès qu'il y avait une nouvelle jeune femme disparue… J'avais parfaitement conscience que cette famille devait souffrir le martyre.

Quand j'ai su que les journalistes parlaient en fait de nos voisins du dessous, j'ai beaucoup pensé à cette fille. Son corps avait été retrouvé, tous savaient le nombre de coups de couteau qu'elle avait reçus. Je me demandais : à partir de combien de coups on meurt ? Décède-t-on à cause de la douleur, notre cœur lâche-t-il quand on a trop mal ? Ou la perte de sang est-elle la cause ? Parce qu'au nombre élevé de coups auquel les gens faisaient sans cesse référence, en oubliant de se garder une petite gêne, il était évident que le décès instantané n'avait pas été souhaité par le meurtrier. Et moi, je ne voulais pas souffrir.

Je me souviens d'avoir rêvé d'elle, une fois. Elle était jolie. Elle semblait pleine de vie et joyeuse. Je ne sais pas si c'était la vérité, je ne l'ai pas connue. Dans mon rêve, nous marchions dans les Pays d'en haut, entre l'autoroute et la bibliothèque. Il faisait noir, mais il y avait tout de même les lumières de la route. On entendait juste le bruit de nos pas sur la neige. Elle parlait, mais je ne me rappelle pas ce qu'elle disait. C'est flou, tout est flou, dans ces images. Je sais seulement avec certitude que c'était elle.

Les policiers ont retrouvé le meurtrier presque vingt ans après les faits, par hasard, et le dossier a enfin été clos. Pour le grand public, en tout cas. Pas pour moi, et probablement pas pour ses parents ni son frère non plus.

Pendant qu'on parle de rêves, j'aimerais en raconter un autre duquel je me souviens avec acuité. Tous les détails sont imprimés dans ma tête comme si je les avais écrits sur papier et relus et relus à maintes reprises durant les vingt dernières années. J'étais devant une maison. En bois rond avec un escalier de quelques marches en avant, deux grandes fenêtres sur la façade. C'était la nuit, il y avait de la neige, beaucoup de neige. Sous l'une des fenêtres se trouvait une trappe qui menait à un abri contre les tempêtes violentes. Le vent sifflait et la neige me fouettait le visage. J'étais seule à l'extérieur. De la lumière transparaissait à travers la vitre au-dessus de l'abri.

Sans avoir entendu un pleur ou un cri, je suis allée vers l'abri, j'ai soulevé la porte de métal. J'ai découvert un bébé. Emmitouflé dans des couvertures blanches. Je l'ai pris dans mes bras et je suis entrée dans la maison. Les murs étaient en lambris, d'une couleur foncée, et près de la porte trônait un divan dans des tons de brun et d'orangé. C'était… démodé, pour le dire gentiment.

Dans la pièce, un feu brûlait. Il y avait trois autres personnes, que je ne connaissais pas, deux hommes et une femme aux cheveux longs. Encore aujourd'hui, je n'ai aucune idée de qui ils étaient tous.

— C'est un garçon ou une fille ? m'a demandé la femme.

— C'est pas important, ai-je répondu.

— C'est super important.

Je me suis tournée vers l'homme assis sur le divan.

— Non, c'est pas important.

Je serrais le bébé contre moi. Malgré l'apparence de réalisme, je me rends compte aujourd'hui que l'enfant était bien trop petit, même pour un bébé naissant. Je n'avais aucun problème à le tenir dans mes bras d'enfant. Il ne bougeait même pas !

Une dispute a éclaté. Ils voulaient tous savoir si c'était une fille ou un garçon, et je refusais de le dire.

— En plus, il est Noir ! s'est écriée la femme.

Je n'avais même pas remarqué. Il m'avait semblé blanc.

— On s'en fout !

— On se fout de rien du tout !

Le second homme m'avait enlevé le bébé des bras et avait changé sa couche. Pourquoi ? Je n'en sais rien. Mais l'enfant n'était plus Noir. Et il n'avait rien au niveau de l'entrejambe.

Puis, je me suis réveillée. Je n'avais pas vu tous les liens à faire avec ma vie d'alors : la couleur de la peau et la question du genre de l'enfant. En fait, quand on y pense, ces liens n'étaient d'aucune importance pour moi, à l'époque. J'étais une fille, je me sentais fille (je crois), je n'étais pas triste ou désespérée d'être la personne qu'on pensait que j'étais, alors rien de tout cela n'était des « signes » pour moi.

Quelquefois, je me suis dit : « Ce serait bien d'être un garçon. » Comme bien des gens, je suppose, qui, en voyant que l'autre genre a certains avantages ou privilèges, se disent que, dans cette situation précise, être une fille ou un garçon serait intéressant. Quand j'étais petite, être un garçon m'aurait permis de faire un peu plus de sport, malgré mon mauvais pied. Étant fille, j'ai été dirigée vers des trucs plus « tranquilles » par défaut. Être un garçon aurait aussi fait en sorte que je ne reçoive pas autant de critiques quant à mon apparence. Selon la logique de mon père, être jolie était important pour une fille. Pas tellement pour un garçon.

Où est-ce que je veux en venir avec tout ça ? Jamais je n'ai souhaité être née garçon quand j'étais enfant. Être transsexuel est bien plus complexe qu'un sentiment tranché pour plusieurs d'entre nous. Certaines personnes pensent qu'on se lève un matin en se disant : « Ça y est, je change ! » alors que d'autres pensent qu'on reconnaît notre différence dès l'enfance. La majeure partie du temps, ce n'est ni l'un ni l'autre. Souvent, on sait sans savoir pendant longtemps. Des années… toute notre vie, parfois. Dans mon cas, ce rêve, par exemple, et ces épisodes de panique, jamais je n'ai pensé à les lier au fait que je sois vue comme une fille et que je n'en sois pas une. Que ce malentendu puisse un jour me tuer. Ce n'est pas que j'aie été un mauvais détective, c'est que je ne croyais pas qu'il y avait quelque chose à chercher.

Cette histoire de mort était tout de même bien effrayante. Le cœur battant, l'estomac serré, j'attendais que ça passe. Avec le recul, penser à l'enfant de dix ans que j'étais, prise dans cet engrenage d'interrogations, me fait un peu mal au cœur. Pourquoi est-ce que cette question était si importante pour moi ? Est-ce que je sentais que, des années plus tard, je ressentirais ce même malaise et me demanderais si la vie était vraiment quelque chose dont je devais craindre

d'être séparée ? Ou, plutôt, si la fille de mes voisins n'avait pas eu de la chance, en fin de compte ? C'est atroce de voir les choses de cette manière ! Elle voulait vivre. Et moi, le voulais-je ? Rien n'était moins sûr.

Encore là, je n'ai rien raconté à personne. Mon père m'aurait probablement dit que ces choses n'avaient pas de rapport avec moi. Ma mère, tout de même sévère… je ne sais pas ce qu'elle aurait dit. Elle aurait été inquiète ou m'aurait ordonné de penser à autre chose. J'ai toujours eu beaucoup d'imagination, et elle le savait bien. Pourtant, imagination ou pas, ces sentiments étaient bel et bien douloureux et me semblaient très réels. Je déteste, aujourd'hui, regarder les vidéos de gags et de mésaventures. Un goût étrange au fond de la bouche, je change de chaîne.

LA PEUR DE PERDRE

J'ai toujours été douée à l'école. J'avais la chance de bien réussir sans trop d'efforts. Heureusement, parce qu'avec l'injonction d'excellence de mon père et les grandes demandes de ma mère, j'aurais vite été dépassée et je me serais sentie comme une perdante. Mes moyennes générales avoisinaient toujours les 90 %, même si l'éducation physique les affectait immanquablement à la baisse. Le sport et moi, jusqu'à mes vingt ans environ, n'avons jamais été amis. Dans les autres matières, même si je rêvassais et avançais mes devoirs, j'avais de bonnes notes. Mes deux parents étaient contents, j'avais la paix.

Le seul sport que j'ai pratiqué quand j'étais petite a été la natation. J'ai beaucoup nagé et j'étais bonne. Je n'étais pas fan du maillot une pièce ni des élastiques qui me pressaient dans le dos, mais j'adorais l'eau, et je l'adore encore. L'odeur du chlore est intoxicante et tellement apaisante ! Le bleu de l'eau m'hypnotise…

La natation était très importante pour moi. J'avais commencé à accumuler les écussons de couleur. Chaque écusson était une nouvelle fierté. Jusqu'à ce que j'échoue à un écusson… Déjà que je me sentais de moins en moins à l'aise au milieu des autres (majoritairement des garçons qui, eux, avaient le droit de ne porter qu'un short), aux corps bien plus adaptés à la nage que le mien, mon échec m'a éloignée encore davantage de la piscine. J'ai arrêté de nager. Plutôt que de persévérer, j'ai baissé les bras. Je ne m'étais jamais sentie à la hauteur dans les sports, en grande partie à cause des reproches de mon père sur mon apparence ; alors, quand il s'est avéré que la natation ne se pratiquerait pas les doigts dans le nez et que j'allais probablement échouer à d'autres écussons (comme plusieurs autres aspirants nageurs de plus haut niveau), j'ai pris peur et j'ai abandonné. À ce jour, je le regrette encore. La crainte de perdre s'est insinuée en moi.

Je n'obtenais pas toujours tout ce que je voulais, surtout pas avec Sophie qui avait le don de me faire sentir idiote si je n'étais pas d'accord avec elle. Ma mère ne portait pas Sophie dans son cœur ; elle la trouvait manipulatrice. Je ne sais pas. Être amis, ne plus être amis, puis l'être de nouveau, c'est le sport préféré des enfants, pas vrai ?

Bien sûr, je ne voulais pas perdre son amitié, alors je disais toujours oui. Si j'étais manipulée, je crois que j'en étais souvent consciente et que je jouais le jeu. Ou je lui rendais la pareille de temps à autre.

Un Noël, j'ai reçu un ensemble d'art pour fabriquer des épinglettes avec des brillants. J'adorais ce genre de truc, même si je ne portais jamais mes « créations ». Ma cousine et moi nous sommes installées au salon pour commencer le travail. Sophie est arrivée entre-temps, mais ses parents l'ont rapidement rappelée pour savoir si elle souhaitait les accompagner durant leurs emplettes.

— Comme on a presque fini… vas-y…, lui ai-je proposé.

Dans mon esprit, on terminerait notre bricolage, puis Mary-Ève partirait chez elle, et Sophie et moi jouerions ensemble ensuite.

Sophie est partie. Elle n'est pas revenue. N'a pas appelé non plus. Se sont ensuivies deux semaines de supplications de ma part. Elle m'ignorait, faisait comme si je n'étais pas là. Les choses se sont réglées au moment où j'ai affirmé :

— J'ai pas dit « vas-y », j'ai dit « toi, choisis ».

C'était un mensonge, évidemment. Je ne sais pas si elle le savait, au plus profond d'elle-même, et qu'elle en avait assez de la chicane.

Toujours est-il que notre amitié a repris et que j'ai tiré des leçons de cette expérience. Je comprenais peu à peu l'effet que les mots peuvent avoir sur les gens. Je ne m'en étais jamais aperçue, avant. Bien sûr, les adultes utilisent des mots pour donner des ordres, mais je n'avais jamais saisi tout le potentiel des mots. Pourtant, quand on me traitait de tous les noms ou quand mon père me faisait des reproches, je la sentais déjà, cette force. Et, plus tard, quand on allait me dire « madame » et « mademoiselle », les mots feraient mal. Le pouvoir est DANS les mots. Avant que quiconque les dise, les mots ont du pouvoir. Par ce qu'ils impliquent, transmettent et font ressentir. Un pouvoir positif et un pouvoir négatif. Un mot, seul, isolé, dans ta tête, sans un son, vient avec tout un bagage: il a une histoire, une empreinte. Il effraie, il rend heureux... Imaginez la puissance de plusieurs mots mis ensemble...

Mais je m'égare.

Cet épisode avec Sophie m'avait tout de même fait peur. Parce que je ne voulais pas perdre mes amies. Garder des amitiés en vie demande du travail et bien des efforts. Ce que je n'avais jamais eu à fournir avant, à l'école et ailleurs. Je cherche toujours à nuancer les discours, à éviter les conflits, mais j'ai vite appris que les rapports de force en amitié existent bel et bien et qu'il faut soit s'y conformer et s'y ajuster, soit perdre des amis.

Sophie avait un an de plus que moi, elle a donc quitté le primaire avant moi et s'est fait de nouveaux amis. En plus, elle a déménagé. Elle était toujours dans la même ville, mais, forcément, il était bien plus difficile de jouer ensemble, de se rencontrer le matin et de se séparer pour le dîner, pour mieux se retrouver en soirée. Comme je n'allais pas à la même école primaire que ma cousine, j'étais seule. J'étais jalouse des amis que Sophie s'était faits, notamment de Véronique. En plus, elles habitaient maintenant près l'une de l'autre ! Dommage pour moi…

Il faut cependant noter que, pendant mes nombreuses disputes avec Sophie, au primaire, et après son départ, je me suis liée d'amitié avec plusieurs garçons de l'école. À part mon cousin, je n'avais jamais eu d'amis mâles avant. Illumination ! Je me sentais… libre. Ils me considéraient comme fille, alors j'avais bien le droit d'aimer ce que je voulais, mais, en tant que compagne de jeu, je jouais comme eux. Personne n'avait d'attentes et ça m'a fait du bien pendant un long moment. Je n'avais pas peur de perdre ou d'arriver seconde quand j'étais avec les garçons. Peut-être que, quelque part, je savais que c'était *ma* place.

Et puis, j'ai changé d'école.

IL ÉTAIT UNE FOIS

Avant d'entrer dans cette période tumultueuse de ma vie que fut le secondaire, je suppose qu'il est temps de discuter de mon amour des lettres. Lettres comme dans « littérature ». Je suis auteur après tout et, tout comme celui de mon identité, le chemin qui m'a mené vers l'écriture, je l'ai emprunté bien jeune. Dans mon histoire, je crois vraiment que littérature et transsexualité sont liées.

Avec une mère infographe et avide lectrice et un père journaliste, il n'est pas étonnant que j'aie été moi aussi, dès mon très jeune âge, attiré par les récits et leurs univers. Il y a quelque chose de magique dans ce qu'on appelle la catharsis, cette capacité de ressentir les émotions des autres. Le terme est surtout utilisé au théâtre et sert à montrer comment un spectateur peut, pour un temps, devenir Othello ou Roméo, et éprouver une joie extrême ou du désespoir. Avec la catharsis, on ressent la vie hors de la vie, si je peux l'exprimer ainsi. On n'existe que par ce lien avec ce personnage qui nous est présenté et dont on adopte, pour un temps, le point de vue, les émotions. Être capable de s'identifier à quelqu'un d'autre que soi… vraiment s'identifier… au point d'avoir envie de pleurer parfois, de ressentir de la colère ou de la fierté pour ses actions, c'est une grande preuve d'humanité. Même si on parle ici d'un personnage qui n'existe pas réellement. En refermant le livre, il nous est alors possible de regarder les autres et de comprendre que tout le monde a une histoire. C'est du moins ce que je retire des récits.

La lecture et les livres m'ont d'ailleurs fait comprendre que l'histoire de tout le monde est digne d'être racontée. Une histoire n'est jamais aussi simple qu'un regard ou un jugement rapide peut le faire croire. J'aime imaginer un récit aux gens que je croise dans la rue, dans l'autobus. J'ai probablement souvent tort, mais là n'est pas la question. On a rarement raison dans la vie. Humilité et empathie sont des qualités que je chéris beaucoup. Et ces qualités, je les ai acquises en ouvrant un livre, en tournant les pages et en refermant ce livre. Puis en en prenant un autre.

Enfant, je n'avais pas des tonnes d'amis et ça faisait bien mon affaire. Je prenais plaisir à passer du temps seule, et c'est encore le cas. Solitude… Je suppose que ce mot ne s'applique pas si on passe son temps le nez dans un livre. On n'est jamais seul quand on lit, pas vrai ?

J'ai lu beaucoup, très tôt. De gros livres, de petits, ce que certains considèrent comme de bons livres, des classiques, et d'autres sur lesquels on lève le nez. Comme pour tout dans la vie (malheureusement), il y a une échelle de valeurs pour les livres. Échelle à laquelle je n'ai jamais adhéré, même enfant.

— C'est un grand auteur que tu lis là, m'avait dit une vieille dame en passant devant le banc où j'étais assise au parc.

C'était Hemingway, je crois. Et je devais avoir douze ou treize ans. La veille, j'avais fini un *Harry Potter* et je me suis demandé si elle trouverait que J.K. Rowling était une grande auteure. Ma réflexion sur ce qui fait, à mon avis, un bon livre et un bon auteur a commencé très tôt. Et le lien avec la transsexualité est là.

Il y a des choses qui sont invisibles.

Il y a des choses qui sont seulement ressenties et qui sont impossibles à nommer. Un *bon* livre ? Ça ne veut pas dire grand-chose… C'est l'émotion qui compte. Et l'émotion, elle est différente pour chacun d'entre nous. Ce n'est pas parce que mon émotion est différente de celle de la majorité qu'elle est injustifiable. Tout n'est pas blanc ou noir ; parfois, on n'a ni raison ni tort.

Quand je lisais, j'étais quelqu'un d'autre. J'avais *besoin* d'être quelqu'un d'autre, pendant un instant. Je n'étais même pas consciente de ce besoin. C'est avec la transition que j'ai réalisé que la lecture avait changé de rôle pour moi. J'ai finalement compris ce que les gens voulaient dire par :

— C'est tellement relaxant, de lire !

— La lecture, c'est un passe-temps.

Quand j'étais petite, la lecture m'apportait un réconfort, mais seulement parce que je pouvais entrer dans une réalité parallèle. C'était un substitut de ma vie. Certains disent que ce qu'il y a dans les livres, ce n'est pas la réalité. Pendant un moment, Maxence, Thomas, Éloi, Luka, ces personnages que j'ai créés, ils existent dans l'esprit de celui ou celle qui lit. Je peux imaginer de quoi ils ont l'air, leurs expressions faciales, et je peux aussi continuer leur histoire dans ma tête quand je referme le livre.

Quand j'étais enfant, la lecture était une part essentielle de mon existence. Plusieurs romans me donnaient cette espèce d'émotion joyeuse au creux du ventre, plusieurs ne me donnaient que l'évasion temporaire nécessaire pour que je puisse, même pour un court moment, ne plus penser à qui j'étais. J'étais autre en lisant.

Je ne quittais jamais la maison sans un livre. Encore aujourd'hui, si je sais que je vais attendre, ne serait-ce que trois minutes à la cantine du coin, je prends un livre avant de sortir. Mais je le fais maintenant parce que je n'aime pas rester là, à ne rien faire. Contrairement à quand j'étais petite, l'évasion n'est plus essentielle à mon existence. Je n'ai plus besoin de vivre par procuration, dans la tête des personnages, pour avoir réellement l'impression de… vivre.

On ne ressent pas la solitude quand on lit. On ne ressent pas les jugements. Au contraire, on a le sentiment d'être sans cesse accompagné, quoi qu'on fasse.

J'ai rapidement dit, quand j'étais jeune : « Moi, plus tard, je vais écrire des livres. »

Est-ce que j'y croyais réellement ? Non, pas du tout.

CHANGEMENTS

J'entre ici dans la partie la plus compliquée de mon histoire. La partie qui m'effrayait avant même d'avoir écrit le premier mot de ce livre. Partie à cause de laquelle j'ai longuement hésité avant d'embarquer dans ce projet. Parce que, justement, il faut utiliser des mots pour se faire comprendre, des mots pour expliquer. Pour rendre justice à ce moment de ma vie, il faudrait que j'invente des mots qui n'existent pas. Confusionalité. Réjectionabirètion. Incertioulititude.

Comment suis-je censé faire comprendre une émotion que, même aujourd'hui, je ne saisis pas ? Et comment suis-je censé parler d'un moment où rien n'avait de sens ? Il s'agit d'un moment où, rétrospectivement, je le constate, je faisais ce que les autres attendaient de moi sans avoir aucune idée de qui j'étais. J'étais parfaitement consciente que je n'agissais qu'en fonction de ce que les autres souhaitaient. Presque aucune de mes décisions n'a été prise avec mes propres envies en tête. Aucune de mes décisions liées à la vie en société, en tout cas.

J'écrivais au début : « On ne peut rester enfant toute notre vie. Et on ne peut certainement pas vivre toute notre vie sans le regard des autres. » Le secondaire a été l'instant où cette réalité m'a frappée de plein fouet. Je ne suis pas entrée dans la puberté en pensant que c'était le cours naturel des choses, sans trop y réfléchir, et en laissant le temps faire son œuvre. La plupart des gens n'accordent aucune pensée à ce passage, ou ont très hâte de voir leur corps changer et leur autonomie s'affirmer. Ce sont des choses excitantes, j'en conviens, mais l'idée de changer me mettait très mal à l'aise.

Avant, je ne voulais pas perdre mes amis ni décevoir les gens, alors je ne faisais pas toujours ce que je voulais ; j'optais pour ce qu'ils voulaient. Mais, au secondaire, c'était totalement différent. Il n'était plus question de faire plaisir à des amis. Il s'agissait de se conformer, de ne pas trop sortir du lot. Tout le monde sait que sortir du lot, c'est s'exposer aux blagues et risquer l'exclusion. Et je voulais être certaine de ne pas être une victime.

En quittant l'école primaire pour me rendre à l'école intermédiaire (qui englobait la sixième année et les première et deuxième secondaire), je ne pensais même pas à être populaire. Je pensais seulement à mon invisibilité. Je n'aime pas être le centre de l'attention et je n'aime pas être jugé. À douze ans, je n'avais pas conscience d'être trans, mais je me sentais déjà différente. Comment ? Je ne saurais pas l'expliquer. Et c'est le plus frustrant dans tout ça ! Qu'est-ce qui se passait dans ma tête ? Pourquoi étais-je toujours sur le qui-vive, craignant de faire quelque chose qui déplairait et qui… qui quoi ? J'avais le sentiment que m'intégrer, même à petite échelle, était vital. Comme s'il y avait une menace. Quelque part, non loin, il y avait un monstre. Peut-être était-il le même que celui qui me faisait paniquer les dimanches, durant *America's Funniest Home Videos.*

Je me rends compte que ce monstre était en fait une urgence. Comme si je savais, au fond de moi, que tout allait bientôt changer et que des millions de questions et de pensées sans queue ni tête allaient me traverser l'esprit.

Le début du secondaire égale inévitablement… la puberté. La honte… J'ai eu mes premières règles un peu avant mes treize ans. J'étais assise sur un oreiller dans le salon, mangeant des céréales devant la télévision. J'étais sur le point de me préparer pour aller à l'école. En me levant, j'ai vu du rouge sur l'oreiller. Mon short de pyjama de Tweety Bird était aussi souillé. Je m'en souviens, j'ai fermé les yeux, j'ai pressé mes paupières si fort que j'ai eu mal au front. En sourdine, le Road Runner riait. J'avais l'impression d'être le coyote et qu'on venait de me balancer une enclume en pleine figure.

J'ai passé une semaine horrible. Je me sentais dégueulasse. Je ne ressentais aucune fierté à entrer dans « la féminité » et à avoir la possibilité de faire des enfants. Tout semblait déjà assez compliqué avec mes amies qui s'intéressaient aux garçons et ne parlaient que de ça, avec les insultes que je recevais à l'école à propos de mon apparence… et maintenant avec ça ? Je crois que c'est la première fois que j'ai détesté mon corps *pour de vrai*. J'écris « pour de vrai », parce que les règles étaient une chose sur laquelle je n'avais aucun contrôle. Je n'aimais pas mon poids ni mes cheveux, mais je pouvais toujours y travailler. Mon système endocrinien ? Rien à faire.

À l'école, on me surnommait « Touftoufs et Polluards », à cause de mes cheveux crépus et longs. Pour être honnête, il est vrai que, une fois brossés, ils ressemblaient plus à une masse de laine d'acier brun foncé qu'à des cheveux. *Touftoufs et Polluards* était un dessin animé dans lequel de

petits bonshommes à la chevelure hirsute essayaient d'empêcher les Polluards de détruire la planète. C'était meilleur que ça en a l'air !

J'étais enrobée, je n'avais pas de vêtements à la mode (ma mère magasinait chez Boca, un endroit qui vendait des cotons ouatés et des leggings… rien qui pouvait aider une fille qui n'avait déjà pas un physique avantageux…), mes cheveux m'attiraient des insultes, et je portais des lunettes rondes, à la Harry Potter, avant qu'Harry Potter soit cool. Décidément, rien dans mon apparence ne pouvait me rendre populaire ou me valoriser d'une quelconque façon. Au secondaire, on a besoin du regard approbateur des autres. Il est difficile, à cet âge, de saisir que notre valeur passe par nos actions et que l'opinion que les autres ont de nous ne compte pas réellement. En tout cas, moi, je ne l'avais pas compris.

À l'école intermédiaire, je me suis fait une nouvelle amie : Julie. Elle était tranquille, elle avait l'air un peu garçonne, studieuse. L'apparence ne comptait pas tellement pour elle, alors que ça commençait à être le cas pour Sophie et Véronique. En fait, j'aimais beaucoup Véronique. Après l'initiale jalousie, je me suis rendu compte que nous avions beaucoup en commun. Contrairement à Sophie, qui était naturellement mince, Véronique et moi étions enrobées. Elle avait les cheveux ultra frisés (plus que les miens !). Elle avait ainsi droit à son lot de quolibets et, avec elle, je n'avais pas l'impression de devoir prouver ma valeur. Tout comme avec Julie.

Quand Véronique et Sophie sont parties au deuxième cycle du secondaire, Julie et moi sommes restées derrière. Nous passions presque tout notre temps ensemble. Elle avait les cheveux courts et elle ne répliquait jamais lorsque les gens riaient d'elle. L'intimidation nous a rapprochées.

Julie et moi avions un code. Pour parler des garçons qui nous plaisaient et qui étaient inévitablement les plus populaires de l'école, nous utilisions des lettres. Comme ça, personne ne savait de qui nous discutions ; personne ne pouvait rire de nous entendre dire : « Jamie est vraiment sexy » et nous renvoyer que jamais Jamie ne s'intéresserait à l'une d'entre nous. Pour être encore plus originales (!), nous avions décidé d'utiliser l'alphabet… à l'envers. Notre sujet de conversation le plus récurrent était Z, que nous appelions parfois Dieu, selon le niveau de dramatisation que nous avions atteint ce jour-là… Chilien aux yeux noirs et à la peau couleur de gâteau au sucre à la crème bien doré (quétaine, hein ?), Z faisait battre mon cœur de fille effacée dès que je pensais à lui. Ça aidait aussi qu'il ne se soit jamais moqué de moi… En fait, il ne me regardait pas du tout ; je doute même qu'il me voyait quand son regard se posait sur moi par inadvertance. Mais bon, Julie et moi, bien qu'invisibles au regard de Dieu, parlions de lui sans cesse. Outre Nick Carter, il a été mon premier *kick*. Un *kick* atteignable, qui plus est. Je ne sais pas ce qui rendait Z si attirant ; son visage n'était pas si beau, celui de son frère l'était davantage. Son côté exotique, peut-être ? Le fait qu'il venait d'un pays proche de celui de mon père, que je n'avais pas vu depuis des années ? Je me demande ce qu'il est devenu. C'est une question que je me pose sans arrêt. J'ai tellement changé, depuis le secondaire ! Mentalement, mais aussi beaucoup physiquement, forcément. Je m'interroge toujours au sujet des autres personnes que j'ai côtoyées, admirées, désirées : étaient-elles, au fond, tout comme moi ?

ÇA N'A AUCUN SENS !

Quand j'étais au secondaire, ma mère travaillait en tant qu'infographe dans un des nombreux bureaux en haut de la Plaza St-Hubert, et je passais beaucoup de temps dans cette rue, à regarder les boutiques et les librairies du coin. Il y a dix-sept ans, la Plaza était beaucoup plus vivante qu'elle ne l'est aujourd'hui. Il y avait un tas de boutiques de robes de mariées, mais presque autant de magasins de vêtements, où j'aimais bien me perdre pendant quelques heures lorsque j'allais rejoindre ma mère. Avec mes économies, je pouvais aussi m'acheter les vêtements que je voulais. Un après-midi, peu avant que je ne commence ma deuxième secondaire, j'étais allée magasiner dans une boutique de sport et j'avais trouvé un pantalon blanc Adidas avec des lignes blanches sur les côtés. Je n'étais pas certaine de vouloir la veste qui allait avec, par contre, mais je la trouvais belle aussi, alors je l'ai essayée. Il n'en restait qu'une seule, cependant, et le magasin était bondé. Quand je suis sortie de la cabine d'essayage, une conseillère m'attendait :

— Est-ce que les tailles étaient bonnes ?

— Oui, ça allait, merci.

— Et vous prenez les deux ?

Il y avait quelque chose de pressant dans son ton, et j'ai dû froncer les sourcils parce qu'elle m'a expliqué :

— Un homme voudrait acheter la veste, si tu ne la prends pas.

Instantanément, ma décision a été prise. Malgré le prix et malgré mon incertitude, j'allais acheter cette veste. Pour deux raisons : et d'un, quelqu'un d'autre la voulait et j'avais encore cette peur de perdre ou de finir seconde qui me rongeait de l'intérieur. Je ne voulais donc pas que cette personne obtienne ce que, moi aussi, je pouvais avoir. Ne me jugez pas trop sévèrement ; j'ai compris beaucoup de choses depuis ce temps, la transition m'a beaucoup aidé. J'en reparlerai. Et de deux : un *homme* voulait cette veste. C'est vrai, sans y réfléchir, j'avais pris ces vêtements dans le rayon des hommes.... Le fait qu'un homme désire cette veste m'a encouragée à la prendre, comme si je devais défendre mon choix d'avoir des vêtements de garçon, moi aussi, malgré que je sois une petite fille rondelette et qu'il soit un adulte.

Quand je portais cette veste, je trouvais que j'avais l'air cool. Je ne pensais pas à mon apparence sous l'angle de la masculinité ou de la féminité. Je me croyais fille, point final. Je n'avais pas encore réalisé que deux catégories n'étaient en aucun cas suffisantes pour englober sept milliards de personnes. Pensez-y un instant… Deux boîtes et tous ces gens… C'est évident qu'elles débordent ! Il est également évident que des milliers de personnes et moi, nous ne *fittons* dans aucune des deux boîtes. Il nous en faut une autre, plusieurs autres... Mais je n'en étais pas là dans mon raisonnement. J'avais mon pantalon et ma veste Adidas blancs, j'étais contente, j'avais l'air tellement plus cool qu'avec des leggings Boca.

Vers la fin de la deuxième secondaire, j'ai découvert le gel pour les cheveux. Avec du gel, une brosse spéciale et un élastique positionné à l'arrière de ma tête et non sur le bord de ma nuque, j'avais une queue de cheval frisée et non un tas de cheveux « grichous ». Les insultes n'ont pas cessé, mais elles avaient moins de fondements, et je me suis sentie mieux pendant un moment.

Donc, quand Julie et moi sommes arrivées au deuxième cycle du secondaire à l'école de la Magdeleine, où nous avons retrouvé Véronique, j'avais « plus d'allure », si je peux formuler les choses ainsi.

J'ai alors réussi à me faire de nouveaux amis. Un groupe bien plus populaire que celui que je formais avec Véronique et Julie. Les filles dans ce groupe étaient jolies, les garçons, très attirants, et ils le savaient. Je ne me souviens pas du tout de la façon dont je me suis intégrée à eux, parce que je n'étais ni jolie ni attirante. Ni très sportive ni plus drôle que la moyenne. Mystère...

Pendant un temps, j'ai fait partie des populaires. Regards envieux, potins... j'ai eu droit à un aperçu de ce que pourrait

être la suite de mon secondaire. Julie n'était pas assez cool, Véro non plus. J'étais *in*... et, pourtant, je me sentais super *out*.

Les filles commençaient à avoir des chums et les garçons ne parlaient que des filles. Et moi ? Je voulais être des deux côtés à la fois. Je voulais un chum, moi aussi. Je voulais parler avec les filles pendant des heures de tel ou tel garçon et me faire désirer. Mais je voulais aussi être avec les garçons. Non pas pour parler des filles, mais parce que leur amitié me plaisait davantage. Ils n'étaient pas aussi centrés sur leur apparence et ils étaient plus sympathiques avec moi. Mais une fille qui veut être du côté des garçons n'est-elle pas lesbienne ? C'était la logique d'alors – et celle qui a encore bien souvent préséance aujourd'hui. Mais je n'étais pas lesbienne, j'avais seulement le sentiment que j'appartenais aux deux groupes à la fois.

C'est une de ces choses qui, maintenant, ont du sens, mais, au moment où elles se sont produites, mon cerveau n'arrivait pas à les comprendre, alors je me sentais comme un extraterrestre. Pire, en fait. Par définition, un extraterrestre ne vient pas de la Terre, mais il vient de quelque part… Moi, je n'avais aucune idée du lieu de départ de mes impressions. Je ne pouvais pas réfléchir et remonter à la source pour comprendre mon problème. Même si j'essayais très fort, je restais toujours avec ce sentiment de faire les choses d'une manière qui n'avait aucun sens. Je sentais qu'être une fille ne devrait pas être si compliqué.

On ne peut être du côté des filles et du côté des garçons tout à la fois, c'est impossible. Je veux dire, bien sûr qu'on le peut ; certaines personnes s'identifient comme bigenres et revendiquent le droit de se présenter dans le genre qui leur convient le mieux à un moment précis et, bien que cette manière de penser ne rejoigne pas du tout mon expérience, je peux respecter leur identité sans souci. Mais, dans mon cas, lorsque j'avais quatorze ans, je m'identifiais encore comme fille, mais je *savais*, au plus profond de moi, que je n'étais pas comme les autres. Que quelque chose clochait. Quelque chose clochait très fort. Les cloches de Quasimodo dans *Notre-Dame de Paris* ne résonnaient pas aussi fort.

Lorsqu'on me demande, en entrevue, dans les salons du livre, ou quand je rencontre quelqu'un de nouveau à qui je révèle que je suis trans, à quel moment j'ai su que j'étais un garçon, je parle toujours de ce moment que j'ai essayé de vous décrire plus haut. Je me rends compte maintenant que c'est un peu un mensonge.

Je ne l'ai pas *su* à ce moment-là. Mais je l'ai *senti*.

« QUI ES-TU ? » DEMANDA LE CHAT AU LARGE SOURIRE

Drôle de titre de chapitre, je le sais. Si vous ne l'avez pas deviné, il s'agit d'une référence à *Alice au pays des merveilles* et à une des conversations d'Alice avec le chat du Cheshire. Je cherchais un moyen d'expliquer comment je me sentais lors de cette première année à l'école de la Magdeleine, et Alice m'est venue en tête. Cette histoire a toujours été l'une de mes préférées, d'aussi loin que je me rappelle. Et ce n'est qu'avec la transition que j'ai compris pourquoi.

Le chat, la chenille, la Reine de Cœur, tous les personnages demandent à Alice : « Qui es-tu ? » et elle répond : « Je suis Alice. » Les protagonistes rétorquent : « Qui es-tu ? » Ce qui pourrait paraître comme un symptôme de la folie ambiante du récit est en fait un questionnement identitaire qui traverse les générations, les pays, les identités de genre, le monde tout entier. Vous êtes Marie-Eve, Aimée, Frédéric, Kim… Mais qui *êtes-vous* ? *Alice au pays des merveilles,* sur fond d'histoire rocambolesque pour enfants, est en réalité un récit tellement complexe, tellement intense... Sans tout comprendre, je crois que je l'avais senti, ça aussi, quand j'étais petite. À un certain moment, Alice trouve une bouteille étiquetée « bois-moi » et elle rapetisse, rapetisse... Ensuite, elle trouve un gâteau sur lequel est écrit « mange-moi » et elle grandit, grandit... Elle change, son corps change, mais elle est toujours la même... L'est-elle vraiment ? Cette question me fascinait, même quand j'étais enfant.

Puis, un personnage demande à Alice de nouveau : « Qui es-tu ? » et, plutôt que d'énoncer son nom, elle répond : « Je savais qui j'étais ce matin, mais j'ai changé plusieurs fois depuis ce temps-là. »

Mon ressenti était en fait bien similaire à cette dernière phrase : le matin, j'avais l'impression de pouvoir dire « je suis ceci, cela », mais, au fur et à mesure que les heures avançaient, que les jours s'écoulaient, il me semblait que « ceci, cela » était un mensonge. C'était presque tous les jours la même chose. Quand j'étais seule, tout allait bien. Quand je me trouvais en présence des autres – ma mère, mes amis, les autres élèves –, j'avais le sentiment que je devais maintenir une façade à tout prix. Mais quelle façade ? Je ne savais même pas ce que je cachais ! Mais je cachais quelque chose. Le détective a le sentiment qu'il y a eu un crime, mais il n'a ni victime, ni traces, ni meurtrier. Mauvais départ pour une enquête, n'est-ce pas ? Ne serait-il pas fou, plutôt ?

Vous y comprenez quelque chose? Ça ne semble pas possible d'avoir l'impression de mentir, mais de ne pas savoir à quel sujet on ment? Pourtant, c'est exactement ce qui se passait, et j'avais tellement mal au crâne à force d'essayer de comprendre! Je me sentais constamment sous pression, comme si chaque geste, chaque action pouvait laisser transparaître mon malaise. Pendant un moment, j'ai cru que mon stress venait de ma nouvelle popularité. Qui dit popularité dit plus de regards sur soi et, par conséquent, plus de jugements. Les jugements ne venaient pas que de l'extérieur. De plus en plus, je sentais que les filles du groupe ne souhaitaient pas ma présence. Je m'entendais très bien avec les garçons (même si aucun ne semblait être attiré par moi et que je n'étais pas particulièrement intéressée moi-même), on riait beaucoup ensemble, mais, quand je me retrouvais avec les filles, l'atmosphère était tendue.

— Elles sont jalouses, m'a dit un des gars.

— Mais j'ai rien fait!

— Justement, a-t-il répondu en riant.

Je n'ai rien compris. On ne peut pas être en colère contre quelqu'un qui ne l'a pas mérité, non? J'étais naïve, je sais.

— Elles sont tout le temps en train d'essayer de coller les gars, et toi, t'essaies pas et on a du fun avec toi. Ça les fait chier un peu.

Il trouvait ça drôle. Même si je n'aimais pas me sentir mise à part par les filles, je ne voulais pas me mettre à essayer de séduire un gars dans notre groupe. Je savais pertinemment que je n'avais aucune chance. Je n'étais pas une assez bonne fille. J'étais gentille et assez intelligente, je crois, j'avais un don pour le sarcasme (que certains ont parfois pu confondre avec de la condescendance…), ce qui faisait rire les gars, et, après avoir été dans le camp des non-populaires, je savais comment on peut se sentir quand on reçoit de drôles de regards ou quand on se fait ridiculiser, alors jamais je ne faisais subir ce traitement à qui que ce soit. Je croyais être une bonne personne. Mais je n'étais pas une bonne fille. Même si mon père me l'avait demandé cent fois, j'étais absolument incapable d'être aussi féminine que les filles du groupe. Jupes courtes, maquillage… J'aurais aimé porter ces trucs aussi, mais… ça ne m'aurait pas bien fait. Je crois que ma résistance aux vêtements que portaient mes amies d'alors avait plus à voir avec une non-envie qu'avec des scrupules quant à mon apparence. Il ne faut pas se méprendre, je détestais mon corps (et c'est toujours le cas, dans une certaine mesure) ; je savais que j'aurais l'air d'une saucisse si je portais une jupe aussi courte, mais je n'éprouvais pas non plus l'envie de montrer mes jambes pour être appréciée.

Le sentiment de ne pas être une assez bonne fille a régi toutes mes relations pendant longtemps. Je n'étais jamais assez bien pour qu'on s'intéresse à moi. En ami, bien sûr, pourquoi pas, mais en tant qu'amoureux… non.

Les filles du groupe ont vite compris que je n'allais pas leur voler leurs amoureux potentiels ; elles ont alors été un peu plus gentilles avec moi. Les garçons étaient toujours aussi sympathiques, mais j'étais dans la zone « amitié ». Aucune chance que notre relation évolue vers quoi que ce soit d'autre. Et puis, je ne partageais pas grand-chose avec eux, autre qu'un statut social et une table sur l'heure du dîner. La popularité, c'est surfait. C'est à ce moment que je m'en suis rendu compte.

J'ai donc décidé de m'éloigner du groupe des populaires, puis j'ai recommencé à parler à Véronique à l'école.

— Je croyais que c'était ton chum, m'a-t-elle dit en parlant de Julie.

C'est vrai qu'elle avait les cheveux courts et qu'elle portait presque seulement des vêtements sport. Je n'avais jamais vraiment vu à quel point elle pouvait avoir l'air androgyne avant ; ça n'avait jamais eu d'incidence sur notre amitié.

— Puis, j'ai vu que vous étiez dans les mêmes cases, alors…

À la Magdeleine, les cases des filles sont près d'une entrée, celles des garçons, près d'une autre. Elles sont séparées par la cafétéria. Je n'ai jamais compris le but de cette ségrégation. Et puis, comment une fille est-elle censée aller observer subtilement le garçon qui l'intéresse si elle doit se rendre dans un coin de l'école dans lequel, de toute évidence, elle n'a rien à faire ? Ceux qui ont décidé de cette division avaient manifestement oublié comment c'est, d'être des adolescents pleins d'hormones…

Cette section de l'école – les cases des garçons, la salle de bain des garçons qui se trouvait juste à côté, les gymnases d'haltérophilie – m'est toujours apparue comme un territoire interdit, comme si je n'avais pas même le droit d'y retrouver mes amis. Comme si je devais m'en éloigner à tout prix. Évidemment, je n'allais pas rejoindre des amis dans les toilettes des garçons, mais j'évitais de quitter la cafétéria du côté des cases qui n'était pas le mien. Je préférais sortir à l'extérieur pour atteindre les gymnases plutôt que de devoir passer à travers cet endroit. Leurs rangées de cases étaient plus petites, plus compactes, je me rappelle avoir souhaité y avoir ma case aussi. À l'époque, je me plaignais du bavardage incessant des filles et des potins perpétuels ; je préférais les blagues et la tranquillité relative des garçons. En fait, je crois que je voulais seulement me rapprocher d'eux.

Vous voyez, c'est ce genre d'émotions qui est difficile à décrire. Ou même à comprendre. Je ne me savais pas trans, à ce moment, le déclic ne se produirait pas avant dix ans encore. Tout ce que je pensais, tout ce que je vivais alors, avait pour cadre de référence « ce que les filles vivent et pensent ». J'étais une fille, mon point de comparaison était donc : les filles. Je n'étais pas convaincue d'être une fille, attention… Je ne m'étais jamais posé la question : « Suis-je une fille ? » Il n'y avait aucune autre possibilité, je ne voyais pas ce que j'aurais pu être d'autre que ce qu'on m'avait dit que j'étais. On peut difficilement être convaincu de quelque chose, même à tort, dont on ne connaît pas toutes les nuances. En ce sens, si j'avais pu avoir des modèles, savoir que des gens qui sentent qu'ils sont en décalage ne sont pas que des « mauvaises » filles ou des « mauvais » garçons, j'aurais fort probablement été déstabilisée quant à mon identité et je me serais questionnée. Mais je n'avais aucun indice, dans les médias ou ailleurs, alors j'étais une fille… une mauvaise. Mais une fille tout de même.

J'avais toujours l'impression de faire les choses en retard. Plus le groupe était grand, plus il y avait de gens, moins j'avais le sentiment que j'étais adéquate. Alors, étant donné le peu de sympathie que semblaient éprouver pour moi les filles de ma gang, et mon amitié avec Véronique, puis avec Sophie, de nouveau sur les rails, j'ai migré de la popularité à l'invisibilité. Nous étions un groupe de quatre ou cinq filles et je me sentais un peu mieux.

Cependant… parce qu'il y a toujours un « cependant », j'étais bien triste de perdre mon lien avec les garçons du groupe. Même si nous n'étions pas extrêmement proches, je me suis immédiatement ennuyée de leur présence. Avec Véro et les autres, on parlait des garçons, mais nous n'étions pas avec eux. Il y avait un monde de différence parce que moi, j'avais envie d'être avec eux. J'avais besoin de me sentir acceptée par eux. Comme si avoir l'impression d'être toujours à l'écart des filles allait être moins grave si, au moins, j'éprouvais un sentiment d'appartenance à un groupe de gars. J'avais besoin qu'on valide mon existence, qu'on m'aime, moi qui étais incapable de répondre à la question « qui es-tu ? ».

IL N'EST PAS GAI...

Mes seules interactions avec les garçons, maintenant que j'étais de retour avec Sophie et Véronique, se limitaient au chum de Sophie. Qui ne m'appréciait pas particulièrement, je dois dire. Je ne sais pas si c'était notre longue amitié qui le dérangeait ou simplement le fait que j'étais studieuse et ne m'en cachais pas. Sophie et lui se disputaient souvent, et je prenais évidemment le parti de mon amie, même si, la plupart du temps, j'aurais pris le sien. Le mauvais caractère de ce gars-là faisait en sorte que, même s'il était évident qu'il avait raison dans telle ou telle situation, il ne valait pas la peine que je me dispute avec Sophie pour lui. Mes bonnes intentions ont leurs limites : tu agis bien et intelligemment, je vais converser et débattre avec toi ; tu agis stupidement ou insultes les gens, je ne vais pas dépenser ma salive.

Sophie, fréquentant une école secondaire différente de la nôtre, à Véronique et moi, s'était aussi fait différents amis. J'avais quatorze ans, elle en avait quinze, et elle était en âge de faire des partys. Des *vrais*… C'est lors d'un de ces partys que j'ai rencontré mon premier chum.

C'était l'époque où je commençais à me conformer à ce que je croyais qu'on attendait de moi. Je faisais davantage d'efforts pour être féminine et attirante. Je savais comment les garçons regardaient les filles et, surtout, quelles filles ils regardaient davantage : les féminines, les plus jolies. Si être jolie était hors de ma portée (à mon avis, évidemment), je pouvais au moins essayer d'être plus près de cette image de féminité. Ce n'était pas un poids pour moi de porter des jupes et des camisoles, ni de me maquiller, mais ce n'était vraiment pas des choses auxquelles j'étais habituée et que

j'aurais faites d'emblée si ce n'avait été de mon désir d'avoir un copain et d'intéresser les garçons.

Bref, j'étais toujours un peu enrobée, et certains auraient pu dire que j'étais grosse, mais je me souviens que je portais du 10, à l'époque (j'ai une mémoire vraiment étrange en ce qui a trait au poids que j'avais à tel ou tel moment. Je me souviens de chaque bataille mentale à ce sujet, depuis la première remarque de mon père jusqu'au moment de taper ces lignes. J'y reviendrai plus tard). Je ne cadrais donc pas avec les standards de beauté habituels, toutefois mes vêtements étaient corrects, mes cheveux, frisés et coiffés, étaient beaux. Je me maquillais un peu. Je suis entrée dans la féminité de cette manière. Je dis «entrée », j'aurais pu dire « arrivée ». Pour moi, la féminité a nécessité un effort. Et je ne parle pas ici du geste de se maquiller ou d'aller acheter des vêtements au magasin. J'ai eu besoin d'y penser, de me dire : « Pour être une bonne fille, une fille qui se fondra dans la masse des autres filles, qu'est-ce que je dois faire ? Qu'est-ce que je ne dois pas faire ? » Je ne me suis pas demandé ce que je *voulais* faire, mais plutôt ce que je *devais* faire.

Il est difficile pour ceux qui me connaissent maintenant de m'imaginer avec les cheveux longs et des vêtements assez sexy. C'était pourtant le cas : petits décolletés et jupes courtes faisaient partie de ma garde-robe. Inapte à reconnaître quel attrait je pourrais exercer sur la gent masculine, j'étais motivée par le regard que les garçons portaient maintenant sur moi. Ces regards justifiaient mes efforts ; si on me regardait d'une manière admirative, c'est que je devais faire quelque chose de bien. Avec mes efforts vestimentaires et mon invisibilité retrouvée à l'école secondaire, je ne me sentais plus aussi en décalage avec les autres personnes de mon âge. Il restait toujours une distance, bien sûr ; j'étais certaine que les autres n'avaient pas à faire autant d'efforts pour se sentir à leur place. Cette distance n'est jamais disparue. Si ç'avait été le cas, je n'aurais pas fait de transition. Je connais très peu de gens – pour ne pas dire personne – qui entreprendraient un processus de transition s'il n'y avait pas un mal-être constant et insistant qui devient, avec le temps, une douleur extrêmement profonde. L'émotion qui m'a poussée à la transition a commencé à se manifester quand j'avais cinq ou six ans, s'est accentuée vers sept ou huit ans, a explosé vers quinze ans, s'est atténuée, est revenue en force. Elle n'est jamais partie.

La paix relative que j'ai réussi à obtenir en changeant mon apparence a duré quelques années. Je ne me souviens pas de m'être questionnée sur mon identité féminine, mais, par contre, la question de l'orientation sexuelle est devenue très importante pour moi. Mais pour des raisons qui ne respectaient aucune logique.

J'ai rencontré David à un party chez l'une des amies de Sophie. Le party se déroulait dans le sous-sol d'une maison. C'était à peine éclairé et ça me donnait l'impression d'être dans un endroit un peu caché, où tout pouvait arriver. David était grand, assez massif ; il avait joué au football à l'école de la Magdeleine avant de finir son secondaire. Il était donc plus vieux que moi de quelques années. Il avait les cheveux blonds, des yeux rieurs, un sourire contagieux. Rapidement, je l'ai remarqué et, j'allais l'apprendre dans les jours qui suivirent, il m'avait aussi remarquée. Nous avons parlé une partie de la soirée, j'étais bien, il me faisait rire. À un certain moment de la soirée, nous avons pris une photo de groupe (c'était en l'an 2000, on ne prenait alors pas des photos sans arrêt!). D'autres filles avaient pris place près de David déjà, alors je me suis installée sur un tabouret à l'extrémité du groupe, dépitée.

— Pardon…

Mon regard s'est porté vers la gauche et j'ai vu David qui essayait de sortir du coin dans lequel il se trouvait, son grand corps difficile à déplacer dans un espace si restreint. Il s'est placé derrière moi. Je n'ai rien dit, il n'a rien dit, mais j'étais contente. Je n'ai jamais vu cette photo, mais j'imagine ma tête… Grand sourire, les joues rouges.

Le party s'est terminé sans que rien se passe. Nous nous sommes seulement parlé durant la soirée et nous nous sommes souri. Le lendemain, de retour à La Prairie, en après-midi, j'étais avec Sophie et Véronique quand Sophie a reçu un appel nous invitant à aller rejoindre ses amis dans la ville d'à côté. J'allais refuser quand Sophie s'est tournée vers moi et a dit, tout sourire:

— David a demandé si tu serais là.

Ah oui? Depuis le temps que je me tenais avec Sophie, ses amis et Véronique, c'était la première fois que j'avais croisé David, qui sait quand j'allais le revoir? Et puis... s'il avait voulu savoir si j'allais être présente, peut-être que je n'étais pas la seule à avoir apprécié notre rencontre?

— Je vais y aller, OK, ai-je finalement répondu.

Une fois au restaurant, nous nous sommes installés au deuxième étage, comme à notre habitude. C'était désert. Par les vitres, on pouvait voir le coin de la rue Saint-Pierre et de la route 132. Bien vite, David et moi nous sommes retrouvés seuls, à quelques tables des autres. Ils nous jetaient des regards de temps à autre, amusés, anticipant je ne savais quoi. Je sentais leurs yeux sur moi quand j'essayais de me concentrer sur ce que David disait, tentais de faire taire ma timidité.

Mon premier baiser s'est produit à cet endroit, dans ce resto de *fast-food* graisseux. Romantique, hein? Je ne sais pas si les choses sont aussi simples maintenant, au secondaire, mais, à cette époque, quand tu embrassais quelqu'un, c'était officiel. J'avais donc un chum...

— Vous vous êtes embrassés? a demandé quelqu'un.

David s'est retourné et j'ai regardé son cou, la courbure de ses épaules. Oh mon Dieu!

— Ouais.

Il m'a de nouveau fait face, souriant.

— On a rien vu ! s'est exclamé un autre.

— Ouais, pis ?

Je riais et David me regardait, l'air de dire : « Voyeurs ! »

— J'y crois pas si j'ai pas vu, a relancé la première personne.

Maintenant, je répondrais : « Ben, alors, n'y crois pas. » Mais, avant, je voulais être aimée à tout prix et j'avais besoin qu'on m'envie… Un chum était un bon moyen pour que ces deux choses s'accomplissent. Immature, je sais. J'avais quatorze ans et un désir de reconnaissance sans limites, alors…

— On recommence ? m'a demandé David.

Ce n'est pas comme si c'était une tâche terrible, hein ! Nous nous sommes embrassés encore, et j'ai pu confirmer mes premières impressions : et d'un, embrasser un gars, c'est formidable, j'adore ! Et de deux, la méthode de David consistait en trois baisers, puis il y allait avec la langue… Ben quoi ? J'ai toujours aimé savoir comment les choses fonctionnent ! Et de trois : embrasser quelqu'un avec une table qui t'enfonce le ventre, ce n'est pas très confortable…

David habitait trois villes plus loin et n'avait pas de voiture. Comme ma mère n'en avait pas non plus et que j'étais évidemment trop jeune pour avoir mon permis, nous ne nous voyions pas très souvent; ses parents devaient venir me chercher ou nos amis communs m'emmenaient quand on se réunissait en groupe. On s'entendait bien, mais sans plus. David ne cadrait pas avec les standards de beauté physique (et moi non plus!), mais son visage était très beau. Et il était blond. Je l'ai dit; j'ai un truc pour les blonds… Il était très grand, plus de six pieds. J'étais heureuse d'être avec lui, même si nous n'avions pas tant de choses en commun. Il faut être honnête, à cet âge, avoir un chum, ça compte, et sa présence dans ma vie me suffisait. Quand il me serrait contre lui, j'étais enveloppée et j'étais bien.

Pour la Saint-Valentin, il est même venu me chercher à l'école avec des amis et m'a offert une rose devant tous les élèves. Pendant un moment, j'ai eu l'air d'être la fille la plus chanceuse du monde entier! Malgré tout, notre relation n'a duré que deux mois. La distance et le peu de temps seul à seul en ont eu raison, je crois bien. Ça s'est terminé sans drame ni cris, comme la plupart de mes relations, d'ailleurs.

Je n'ai pas fait l'amour avec David. Nous avons fait plusieurs trucs qui impliquaient d'enlever nos pantalons, mais nous ne sommes jamais allés « jusqu'au bout ». Probablement que nous nous y serions rendus si nous avions été ensemble plus longtemps. Je n'ai jamais accordé tellement d'importance à cette première fois, en fait. Peu m'importaient le lieu, le moment, même la personne. Je n'avais aucune image romantique en tête, un scénario plein de tendresse avec l'homme de ma vie. Pourquoi accorder tellement d'importance au mélange de fluides corporels? Les trucs que j'avais faits avec David m'avaient procuré du plaisir, c'était génial. Et c'était bien le but, non? Advienne que pourra, comme on dit.

Je m'attarde sur ces moments et j'entre quelque peu dans les détails parce que, pour une personne trans, le corps est un vaisseau dont on n'est pas capitaine... et se laisser toucher, aimer par quelqu'un d'autre est parfois une expérience traumatisante. On a quelquefois de la difficulté à se toucher soi-même, à se savoir nu, même si on ne se voit pas. Alors, quand il y a une autre personne dans l'équation, c'est souvent difficile. Ç'aurait pu être le cas pour moi. Mon expérience de la sexualité aurait pu révéler une haine de mon corps, m'apporter un quelconque indice de la raison de mon malaise. Mais pas vraiment... Pourtant, bien plus tard, j'allais détester mon corps avec passion... J'aurais bien aimé que cette haine arrive plus tôt. Mais je crois que j'étais trop contente d'enfin découvrir c'était quoi, le contact humain avec une personne que tu désires et qui te désire. J'avais passé beaucoup de temps à me dire que personne ne voudrait de moi parce que j'étais enrobée, bizarre, etc., alors ma relation avec David m'a fait du bien et j'ai mis le reste de côté. Pendant un moment, du moins. Être trans et le mal-être, la dysphorie, ne sont pas des choses qu'on peut faire taire en les glissant sous un tapis.

Dans mon esprit, les groupes d'amis se mélangent, mais il y a une époque où je passais bien du temps avec une fille prénommée Rosalie. Elle habitait La Prairie, comme moi, et n'était ni populaire ni impopulaire. Elle était gentille et intelligente. Je n'avais aucun sentiment pour elle, n'en ai jamais eu, comme pour aucune autre fille, d'ailleurs. Ce qui ne m'a pas empêchée de me questionner sur mon orientation sexuelle, malgré tout. Bien plus tard. Mais chaque chose en son temps. Rosalie sortait avec un garçon plus âgé qui habitait Montréal. Un soir, alors qu'il était avec un ami, il nous a invitées à aller chez lui. Je ne connaissais aucun de ces garçons, alors j'étais un peu mal à l'aise.

— Elle est *hot*, ton amie ? a demandé son chum à Rosalie.

Je l'entendais parler dans le téléphone alors que nous marchions sur le chemin de Saint-Jean. C'était le printemps, un peu après ma fête, je venais d'avoir seize ans.

— Pas mal, ouais, a répondu Rosalie.

C'est pourquoi j'étais mal à l'aise. Ils allaient être déçus en me voyant, c'était évident. Je ne correspondais pas au qualificatif de « *hot* » ! Jamais de la vie ! Je me suis raisonnée en me disant que, bon, pour être bien honnête, Rosalie n'était pas super jolie elle-même, alors son chum et son ami ne s'attendaient sûrement pas à ce qu'elle ramène une grande blonde de cinq pieds dix pouces pesant cent dix livres. Le gars ne voulait probablement que coucher avec quelqu'un, et j'allais lui suffire. C'est ce soir que ça allait se passer. Pas de stress, pas d'attente. Ça faisait mon affaire.

Ils sont venus nous chercher en voiture et, en effet, son ami a eu l'air un peu déçu. Ça ne l'a toutefois pas empêché, lorsque nous sommes arrivés chez lui, de m'amener dans la chambre pour que nous fassions ce qu'il était sous-entendu que nous ferions. Je vous épargne les détails… Disons seulement que je n'ai eu aucun problème, aucune incapacité à aller jusqu'au bout, et je crois que nous étions tous les deux très satisfaits.

Plus tard, après quelques bières, nous nous sommes retrouvés dans la chambre avec Rosalie et son chum. Rosalie était occupée avec l'ami et son chum regardait. Moi ? Je ne savais pas trop quoi faire de mes yeux. D'accord, il y avait un gars, là, nu, et il était attirant, mais il y avait aussi une fille nue et c'était mon amie ! Je n'aurais pas voulu qu'elle, elle regarde mon corps… L'impression d'être une mauvaise fille m'est revenue en tête et m'a traversée de part en part. Je ne voulais pas être comme ça ! Rabat-joie et embarrassée. Alors j'ai enlevé mon chandail, puis mon pantalon, et suis restée en sous-vêtements. J'ai laissé le chum de Rosalie et son ami me toucher un peu, ensuite ils se sont reculés. Rosalie était étendue sur le lit et j'étais debout. Elle était nue, moi pas.

— Touche-la, a dit son chum.

Rosalie est restée là, à me regarder. Ça ne semblait pas la déranger, ni que je voie ses organes génitaux à quelques dizaines de centimètres de mon nez ni que je mette mes mains sur elle. J'aurais pu. Ça ne me dégoûtait pas, en fait. Mais je n'en avais pas envie. Le sexe, pour moi, c'est le partage du plaisir, et il est clair que lui faire plaisir n'était pas quelque chose qui m'aurait fait plaisir, à moi, alors… J'étais un peu curieuse, surtout que personne dans la pièce ne semblait s'en faire que deux hétéros se tripotent. À bien y penser, je n'ai jamais vu la situation comme un « acte de lesbianisme » potentiel. Je me souviens m'être dit :

Je ne veux pas être le troisième gars qui va la toucher ce soir.

Avant de songer que, décidément, l'alcool n'était pas mon ami et que je divaguais. Je n'éprouvais aucun désir pour Rosalie et je n'avais pas envie de la toucher. Alors, je ne l'ai pas fait. J'ai dit non, ils ont dit OK, on a continué nos caresses un moment, tout le monde s'est rhabillé, puis Rosalie et moi sommes rentrées. Fin de l'épisode.

Étonnamment, il n'y a eu aucun moment de malaise dans notre relation par la suite. On aurait même dit que, en partageant ce souvenir, nous étions encore plus proches. Je n'ai jamais revu le chum de Rosalie, de qui elle s'est séparée quelques mois plus tard, ni son ami. Je garde de cette expérience un sentiment apaisant. Je n'ai aucune honte à en parler, et la situation me fait même sourire. Qui peut dire avoir eu sa première fois à deux et à trois dans la même soirée ? Techniquement, c'était le cas !

Après David, il y a eu Stéphane, et puis David encore (nous avons repris très brièvement) et puis Patrick qui, tout au contraire de David, était chétif et plus petit que moi. Mais il était blond et il riait fort, alors je gardais quand même quelques points de repère !

Chaque fois que je rencontrais un garçon, j'évitais de lui faire savoir qu'il me plaisait. À TOUS les coups, je me sentais coupable d'être intéressée. Je n'avais pas envie d'être ridiculisée parce que j'appréciais un garçon. J'ai toujours eu le sentiment que je n'avais pas vraiment le droit de vouloir me rapprocher de tel ou tel garçon. Je ne comprenais pas d'où me venait ce sentiment d'interdit jusqu'à ce qu'un jour cette pensée traverse mon esprit : « Ça ne servirait à rien, il n'est pas gai. » J'ai passé plusieurs semaines à tenter de comprendre pourquoi l'homosexualité d'un gars devait être essentielle à nos rapprochements. Je ne voyais aucune raison qui aurait pu justifier ce questionnement. Autre que le fait que j'étais, encore une fois, à côté de la plaque. Je me suis mise à regarder tous les gars en me demandant lesquels étaient gais. Jean-François, qui marchait sur la pointe des pieds ? Simon, qui avait les cheveux longs ? Non et non. Alors, je faisais quoi, moi ? Je fermais mon esprit une fois de plus et essayais de rentrer dans le moule. « Dommage qu'il ne soit pas gai » est resté malgré tout une phrase qui m'est revenue en tête sporadiquement et qui compte encore plus maintenant. Pour une raison bien légitime. Je suis gai.

LA FÉMINITÉ EXTRÊME

Quel événement est perçu comme la preuve suprême de la féminité de quelqu'un ? Est souvent montré comme l'expérience par excellence des femmes ? La grossesse.

Quand on pense à un ventre rond, on pense à une femme heureuse, radieuse. Techniquement, être enceinte égale être une femme. Je vous préviens, c'est la dernière fois que j'utilise les mots « grossesse » et « enceinte ». Ces termes me causent un malaise profond. À cause de ce qu'ils impliquent, justement. À cause de ce qu'ils créent dans l'imaginaire : on pense au corps de la femme, à ses rondeurs, éléments auxquels je ne veux pas être associé. Je ne veux pas qu'on pense à moi et à ces choses côte à côte. Il y a des images qui proviennent de mon passé que je peux très bien supporter. Ces moments ne sont pas de celles-là.

Je suis resté quelques semaines devant une page blanche, sans savoir comment aborder cette part de mon existence. J'aurais bien aimé ne pas avoir à y faire référence, mais comment aurais-je pu prétendre que je n'ai pas vécu cette expérience de féminité extrême ? Pas qu'une fois, en plus. Je n'ai pas de retenue quand vient le temps de parler de chirurgies, de mon émotion face aux garçons, mais pour cette partie de ma vie ? C'est une tout autre histoire. En ce moment précis, je suis coincé dans un avion en direction de la France pour les sept prochaines heures et je ne m'en sauverai pas, alors… commençons par le commencement.

Seize ans. Je travaillais dans un IGA, comme caissière. J'y ai fait la connaissance d'Alexandre et de Mélanie. En fait, je devrais plutôt dire : « la reconnaissance ». Mélanie et moi étions dans la même classe de troisième année et Alexandre habitait à trois maisons de la mienne. Sa grand-mère et ma grand-mère étaient de grandes amies. Vive les petites villes… J'ai aussi rencontré Bruno, un gars tout en longueur avec un rire contagieux. Nous passions beaucoup de temps ensemble, tous les quatre. Nous essayions de coordonner nos horaires en faisant de gentils sourires à la gérante, et nous nous faisions souvent avertir : les garçons, emballeurs, devaient aller à des caisses différentes de celles que Mélanie et moi occupions. Je suis convaincu que nous étions bien plus enjoués avec les clients quand nous pouvions travailler ensemble, mais ça ne semblait pas être l'avis de tous ! Enfin, bref…

Durant l'été de mes seize ans, j'ai passé bien plus de temps chez Alexandre (avec les deux autres) qu'avec Véronique et Sophie. Je les voyais encore, mais, quand j'avais essayé de mélanger les deux groupes… l'expérience n'avait pas été concluante. Je me sentais davantage une égale quand j'étais avec le trio du IGA qu'avec mes autres amis. Je ne ressentais aucune pression et ils étaient plus près de ma personnalité, je crois. J'aime manier le sarcasme, avoir des discussions animées sur tel ou tel livre, me remettre en question, et ce sont des choses qui ne m'étaient pas accessibles avec Véronique, Sophie et les autres. Peut-être que ma perception est fausse, mais j'avais le sentiment que, d'un côté, il y avait l'apparence et l'image, l'amusement, les partys, et, de l'autre côté, une certaine profondeur. Il ne faut donc pas s'étonner que j'aie été plus à l'aise avec Alexandre, Mélanie et Bruno, avec qui mon corps ne semblait pas être mis de l'avant.

Durant cet été-là, on a regardé *Mulan* sans arrêt. C'est un film d'animation de Disney où une jeune fille chinoise, pour éviter que son père blessé ne parte à la guerre, fait semblant d'être un homme pour pouvoir combattre. Mulan n'est pas trans, elle reprend son identité à la fin du film, mais je crois bien que ce fut mon premier contact avec cette réalité potentielle. Et je ne m'en suis pas rendu compte. Si la vie était un téléroman, j'aurais eu une illumination et j'aurais compris, des lumières se seraient allumées tout autour de moi et j'aurais entamé ma transition à ce moment-là. Si j'avais compris avec *Mulan*, ma vie aurait été si différente! Mais ce n'était qu'un film devant lequel je passais du bon temps avec mes amis. J'avais encore en tête cette impression d'être une « mauvaise fille » et de devoir faire des efforts, mais, avec le trio du IGA, les efforts n'étaient pas si douloureux…

Par l'entremise de Bruno, j'ai rencontré celui qui allait devenir le père de mon premier enfant: Jean. J'ai très peu de souvenirs de cette période. Ça me surprend, parce que nous avons passé de beaux mois ensemble. Je me rappelle l'avoir vu approcher du véhicule cette première fois, sans savoir qui il était (ou qui il serait). Il était à peine plus grand que moi, blond, un peu enrobé, il portait un chandail sur lequel il y avait un loup (la mode n'était manifestement pas son point fort!). Je me souviens qu'il avait un lit d'eau et que c'était extrêmement désagréable.

Nous sommes restés ensemble pendant presque un an. Nous avons couché ensemble après quelques mois, alors j'ai commencé à prendre la pilule. Le médecin (le gynécologue qui a accouché ma mère) m'avait dit que la pilule prenait trois mois avant d'être totalement efficace, donc nous avons utilisé le condom pendant les trois premiers mois. Comme lors de ma première fois, mon corps ne m'a pas empêchée d'avoir une sexualité intéressante et satisfaisante avec Jean. Je prenais ma petite pilule ronde tous les matins après m'être brossé les dents. Je m'amusais avec mes amis, je travaillais toujours au IGA, je poursuivais ma cinquième secondaire et je planifiais mon entrée au cégep. Les choses allaient assez bien entre nous, malgré quelques différences qui, à long terme, seraient probablement devenues irréconciliables : il était incapable de prendre une décision par lui-même. Même s'il était de deux ans mon aîné et donc majeur, il demandait toujours à ses parents s'il pouvait sortir après dix-neuf heures… Dix-neuf heures! Jean conduisait aussi comme un fou. Il était sur le point de perdre son permis et allait devoir passer en cour sous peu. Il avait également des habitudes alimentaires qui n'étaient pas saines du tout.

Pour moi, qui étais ultra consciente de mon poids et de mon apparence, nos repas ensemble étaient presque une torture.

Après neuf mois de relation, j'ai remarqué que le truc que je détestais avec passion et qui devait revenir tous les mois… avait du retard.

J'ai attendu quelques jours et… rien. J'ai décidé de passer un test. C'était le 11 septembre 2002, je venais de commencer le cégep (DEC préuniversitaire en lettres). Tout le monde autour se rappelait les attentats de l'année précédente et les gens étaient tristes et songeurs. Moi? J'étais paniquée. J'étais dans la salle de bain du restaurant La Belle Province, tout près du cégep, quand j'ai uriné sur le bâtonnet. Je connaissais déjà le résultat; j'avais presque deux semaines de retard. Malgré tout, en voyant les deux petites lignes sur le test, indiquant qu'il était bel et bien positif et confirmant mes suppositions, j'ai refusé d'y croire. Je l'ai plutôt glissé dans mon sac d'école et j'ai marché sur De Maisonneuve jusqu'à ce que je trouve une pharmacie. J'ai dû marcher un long moment. J'ai acheté un autre test, l'ai fait dans les toilettes du cégep. Positif encore. Merde. Ma première réaction fut d'appeler ma mère.

— T'es sûre ? m'a-t-elle demandé.

— J'ai fait deux tests.

— OK.

Elle était sans mot (et laissez-moi vous dire que ce fut la première et dernière fois !). Le soir même, nous n'en avons pas discuté. Je n'avais pas envie d'en parler et elle non plus, je suppose. J'ai appelé Jean et lui ai annoncé la nouvelle.

— Je vais me faire avorter, lui ai-je dit.

— T'es certaine ?

— Je crois bien, oui. C'était pas prévu du tout et je prends ma pilule tous les jours, alors c'est pas comme si on avait essayé, hein.

— Ça, c'est clair.

— On est OK ?

— Ouais, a-t-il répliqué, on est OK.

Je suis remontée au rez-de-chaussée pour informer ma mère de ma décision.

— D'accord, a-t-elle répondu.

Mais…

J'y ai réfléchi un peu… beaucoup… énormément et une réalité s'est imposée à moi. Être capable d'avoir des enfants est l'apanage des femmes, non ? Cette affirmation est désormais discutable, mais, à l'époque, des hommes trans devenant parents biologiques n'étaient pas une réalité bien connue. Donc… si mon test était positif, c'est que je venais, justement, de passer un gros test de féminité. Si j'étais capable de porter un enfant, j'étais une fille, non ? Une vraie, une bonne fille. Je n'étais même plus une fille, en fait, j'étais une femme ! Si mon corps était apte à faire ce truc que les sentimentaux appellent un miracle, ça devait vouloir dire que, quelque part, j'avais fait quelque chose de bien. Comme ma mère qui, statistiquement parlant, n'aurait pas dû avoir d'enfant, je me retrouvais là, dans cette situation apparemment très, très peu probable, selon les statistiques. Je ne suis pas non plus du genre à croire aux signes et aux messages du destin, mais, à ce moment-là, je me suis dit que, si, malgré la pilule, mon test était positif, c'est qu'il devait y avoir une raison. Je croyais me sentir assez bien dans mon groupe d'amis et dans mon couple. Ce n'était apparemment pas le cas, étant donné que, en regardant de nouveau les deux lignes sur les tests, j'y ai vu une confirmation de ma féminité. Celle que je cherchais sans cesse à valider. J'avais presque oublié à quel point cette confirmation était vitale pour moi.

J'ai donc pris la décision opposée à celle que j'avais annoncée à Jean et à ma mère. Leur réaction a été peu enthousiaste, mais tout de même positive. Dans un film que j'aimais bien à l'époque, *Mère à 15 ans*, les parents de l'adolescente lui disent qu'ils ne vont pas élever l'enfant à sa place et qu'elle devra se débrouiller. Je m'attendais à ce que ma mère, peu encline à partager ses émotions (tout comme moi, d'ailleurs), me fasse le même discours. Ce ne fut pas le cas et il n'y a pas eu de dispute.

Quand j'ai annoncé la nouvelle à mes amis, j'étais contente. Je m'étais faite à l'idée d'avoir un bébé et, bien que je n'avais que dix-sept ans, ça ne me faisait pas peur. J'avais même hâte de vivre toutes ces étapes supposément si gratifiantes durant les prochains mois et de voir mon corps changer. Surtout de voir mon corps changer. Pour une fois, il y aurait du changement dans cette enveloppe que je traînais… J'étais sur le point de me rendre compte que ce changement ne me ferait pas me sentir mieux.

Jean est venu avec moi à notre premier rendez-vous chez le gynécologue. L'arrivée du bébé était prévue pour le 4 mai. Le médecin a tendu un ruban à mesurer en papier à Jean.

— Tu pourras mesurer son ventre, lui a-t-il dit.

Mon copain a haussé un sourcil, comme si l'idée lui apparaissait soit vieux jeu, soit immature. Je ne le blâmais pas de manquer d'enthousiasme. Il ne le vivait pas aussi intimement et il n'avait pas les mêmes motivations que moi. Je ne lui avais jamais parlé de cette impression d'être toujours à côté de la plaque. Je n'en ai jamais parlé à aucun de mes conjoints, en fait. Après quelques semaines, Jean est venu me rejoindre au IGA à la fin de mon quart de travail.

— Les gens m'ont dit que je devrais faire un test de paternité.

Je me rappelle avoir failli éclater de rire. Premièrement, parce que cette remarque était typique de lui : « Les gens m'ont dit... » Deuxièmement, parce que je ne voyais pas comment j'aurais pu avoir assez de pouvoir de séduction pour me faire deux chums. Troisièmement, avec le travail, le cégep et tout le temps que je passais avec Jean, il aurait fallu que mes supposées relations extraconjugales durent trois minutes top chrono pour que j'aie le temps de le tromper ! Bref...

— OK, si tu veux, ai-je répondu.

— Parce que c'est pas certain que ce soit moi, le père.

— Tu penses sérieusement que je t'ai trompé ?

— Je sais pas, mais on m'a dit que c'était une possibilité. Et comme tu prenais la pilule avec moi...

Je m'apprêtais à rentrer à la maison en vélo, je venais de ranger mon cadenas dans mon sac. Sur cette remarque, j'ai déposé mon sac au sol.

— Tu te rends compte que la pilule est censée être efficace, peu importe le partenaire. Elle n'a pas ton nom écrit dessus.

Il a réfléchi un moment et a haussé les épaules. Je me suis surprise à espérer que notre enfant ait mon esprit logique parce que, de son côté, en ce moment même, ce n'était pas super glorieux. J'ai pris une grande inspiration. J'ai toujours été allergique à la *bullshit*.

— Si tu veux passer un test, pas de problème. Je sais avec qui je couche, alors, si c'est de ça que t'as besoin pour faire taire les autres, *go for it*. Mais, si c'est juste parce que tu te cherches une excuse pour partir, pas besoin, t'as qu'à t'en aller.

Un long silence s'est installé. Il faisait noir, les journées commençaient à raccourcir, on était début octobre.

— OK, je vais y penser, a-t-il répliqué.

Il est parti, je suis rentrée à la maison. Je ne me souviens pas d'avoir eu de nouvelles de lui après ça. Il a dû se rendre compte que sa logique (ou la logique des autres) était ridicule et a préféré s'éclipser sans compromettre son *ego*. Sur le coup, je n'ai pas été triste ou déçue. Depuis quelques mois, je remettais en question la viabilité de cette relation à long terme, je n'étais sans contredit plus amoureuse de lui.

On entend souvent que ces neuf mois dans la vie d'une femme sont extraordinaires. Elle va donner la vie, elle est radieuse, heureuse, etc. Ce ne fut pas mon cas. Les seins qui grossissaient ne m'ont pas fait plaisir du tout ; je n'ai jamais trouvé cette partie de mon corps très attrayante. Quand ils étaient de grosseur moyenne, j'étais bien contente. La prise de poids non plus n'était pas un truc avec lequel j'étais à l'aise. Plus de poids égale plus de courbes. Et les courbes... non merci. Quand j'ai pris la décision de ne pas me faire avorter, je pensais au bébé, bien sûr, mais je pensais surtout à cette féminité perdue. En fait, non, elle n'était pas perdue, elle n'avait tout simplement jamais réellement existé avant cet instant, et j'avais cru que ces moments seraient de ceux que je me rappellerais comme étant « l'instant de ma vie où j'ai été une vraie femme ». Eh bien... ce n'est pas arrivé. Plus le temps avançait, plus j'étais mal à l'aise avec les changements dans mon corps. J'étais heureuse à l'idée d'avoir un enfant, mais pas de le porter. Je m'en serais bien passée.

Début décembre, j'ai obtenu mon permis de conduire et j'ai aussi passé ma première échographie, qui m'a appris que j'allais avoir un petit garçon. J'ai décidé qu'il s'appellerait Félix. Les semaines ont passé, j'ai terminé ma première session de cégep et je me suis inscrite à la deuxième. J'avais l'intention de demander à mes enseignants de me permettre de passer mes examens à l'avance, étant donné que la naissance devait arriver avant la fin de la session. Mais rien ne se déroule jamais comme prévu.

Lors d'un rendez-vous, le médecin s'est aperçu que je risquais d'avoir un bébé prématuré. Il m'a donc mise au repos. J'en étais à vingt-quatre semaines seulement. J'ai interrompu ma session de cégep qui venait tout juste de commencer, et j'ai cessé de travailler. À vingt-huit semaines, le médecin m'a imposé un repos complet. Je devais manger couchée sur le côté gauche, dormir ainsi et ne rien faire de toute la journée. Pour une personne hyperactive comme moi, ce fut de la torture. J'ai passé les semaines suivantes à écouter *The Price Is Right* et *Quand passe la cigogne*. Pas de quoi me stimuler intellectuellement…

À trente-six semaines, j'ai pu recommencer mes activités, lentement. Je pouvais au moins manger à la table de la cuisine avec ma mère. À cause de mon repos forcé, j'ai manqué plusieurs étapes de l'attente de mon bébé, il me semble. J'avais choisi la literie avant mon arrêt (sur le thème de l'arche de Noé), mais la peinture, monter les meubles, magasiner des vêtements, je n'ai rien fait de tout ça. Je me souviens d'un moment où, toujours couchée sur le côté gauche, mais à même le sol, je regardais depuis le corridor ma tante et ma mère organiser la chambre de Félix.

Après quatre jours de retard, le médecin a décidé que c'était assez et que le bébé devait naître. Ironique, non? Après avoir passé trois mois à craindre qu'il ne sorte trop tôt, il se faisait attendre! Je me suis présentée à l'hôpital le matin du 8 mai, pour un déclenchement.

— On a eu quelques urgences, a dit le médecin. Je peux m'occuper de toi aujourd'hui, mais, si tu veux, tu peux aussi revenir demain et on partira la machine.

Ha. Ha. Non. C'était ce jour-là, pas le lendemain. J'en avais assez.

On m'a donc installée dans une chambre, et *bang!* La douleur a commencé. Il m'a semblé que c'était arrivé comme ça, tout à coup. J'ai demandé une péridurale. Et puis… on a attendu et attendu. Le cœur du bébé s'est mis à faiblir durant les contractions. Et je n'étais toujours pas prête à le faire sortir, alors… césarienne.

Sérieusement? Après tous ces mois à ne rien faire? J'avais passé des semaines à attendre, à ne pouvoir que penser et me demander, encore et encore, pourquoi, quand on me disait que j'étais radieuse et que c'était donc beau, je trouvais ça ridicule. Je n'avais même pas l'impression qu'on s'adressait à moi. J'avais le sentiment d'être à côté, à regarder cette personne et son gros ventre. Décidément, je me rendais compte que la féminité ne m'allait pas super bien.

Félix était en santé, un gros garçon de huit livres. Mes amies sont venues me voir à l'hôpital et je me rappelle qu'une des premières choses que j'ai dites, c'est:

— Regarde, je suis presque mince.

Et je le pensais. Ne plus avoir ce ballon devant me donnait l'impression d'avoir immensément maigri… Ce qui n'était évidemment pas le cas. J'avais pris environ quarante livres durant ces neuf mois et je refusais d'atteindre les deux cents livres. C'était une barrière psychologique ; je suis arrivée à cent quatre-vingt-dix-sept et Félix est né. Je vous l'ai dit ; les chiffres sur la balance sont gravés dans ma tête, peu importe le moment.

J'ai tenté l'allaitement. Pendant trois mois, j'y suis parvenue à temps plein, même si la situation était vraiment inconfortable. Je n'ai jamais pu allaiter en regardant mon bébé tendrement. Je devais faire autre chose. Lire, écouter la télé, essayer de rattraper un peu de sommeil. Je n'aimais pas ma poitrine, alors la fixer et savoir qu'il en avait besoin pour se nourrir me procurait un sentiment vraiment bizarre. J'évitais de m'attarder sur ces instants et espérais qu'ils passeraient le plus vite possible.

J'ai retrouvé mon corps d'avant la grossesse assez rapidement, au bout de quelques mois. Il n'était pas super mince ni très en forme, mais, au moins, j'avais reperdu le poids gagné et j'ai pu remettre mes jupes et mes chandails favoris. Je suppose que le fait de n'avoir que dix-huit ans a aidé.

J'ai repris le cégep quand Félix avait trois mois et demi. J'ai dû diminuer l'allaitement, à mon grand bonheur. Souvent, on me dit : « Wow, aux études avec un bébé qui ne fait pas ses nuits, ç'a dû être difficile ! » Je n'en sais rien, je ne m'en souviens pas. Ce qui veut dire que soit ce fut si épuisant et compliqué que mon esprit n'a rien pu retenir de cette période, ou l'a bloquée complètement, soit ce fut très simple et ça ne m'a pas marquée.

Alors j'étais là, dix-huit ans, un enfant, avec un désir d'aller à l'université et de faire de grandes choses, avec un malaise qui revenait s'installer peu à peu et qui allait menacer de m'engloutir dans les prochaines années. Et c'est là que j'ai découvert le monde des jouets.

LES BÉBELLES

Avec Félix, je m'étais inscrite à des cours de remise en forme maman-bébé, et j'y ai rencontré Evelyne. Du moins, je crois que c'était son nom. Elle donnait les cours et avait trois enfants. Elle s'occupait aussi du seul magasin de jouets de la ville de La Prairie durant l'absence de la propriétaire. C'est ainsi que j'ai commencé à y travailler et que nous sommes devenues amies. Je me tenais encore avec Sophie et Véronique, mais, avec Félix, planifier des sorties était bien plus compliqué et nous nous sommes peu à peu éloignées. Au bout d'un an, je ne les voyais presque plus. Je suis restée en contact avec Alexandre et Mélanie beaucoup plus longtemps, jusqu'après la naissance de mon second enfant. Je suis même allée à leur mariage, fus leur témoin, et les ai accompagnés durant leur divorce. Maintenant, on ne se voit plus, la vie nous a amenés à des endroits différents et ils ne savent pas que j'ai fait une transition.

Donc, les jouets. Sans les jouets, je n'aurais pas rencontré mon amoureux suivant, celui qui a involontairement éveillé en moi beaucoup de haine et de mépris. J'ai donc commencé à travailler au petit magasin de jouets de ma ville quand Félix avait sept mois. C'était un peu avant le temps des fêtes, et j'ai découvert à quel point j'appréciais les jouets. J'aime les règles et la possibilité de les changer, j'aime voir les yeux de quelqu'un quand on lui donne ce qu'il désire, j'aime apprendre comment fonctionnent les choses et j'aime les couleurs et les textures différentes mélangées ensemble.

J'y ai travaillé pendant six mois, je crois. Bien que plusieurs moments soient flous, je me souviendrai toujours de ce que je pense être mon premier épisode réellement dépressif. Le premier d'une longue série. C'était avant le retour de la propriétaire, nous repeignions le magasin et j'avais seulement envie de pleurer. Les couleurs étaient vives et les autres employés s'amusaient, mais pas moi. J'avais le sentiment qu'un étau se refermait sur moi. Je ne savais pas pourquoi, mais il y avait une urgence. Je devais agir. Mais je ne savais pas pour faire quoi ! Evelyne a bien vu que je ne me sentais pas bien et elle m'a emmenée manger au restaurant.

— Ça va passer, m'a-t-elle dit. C'est souvent comme ça, après avoir eu un enfant. On dirait qu'on ne peut plus rien faire.

C'était ça, mon problème ? Un manque de liberté ? Pourtant, j'en avais quand même un peu ; ma mère s'occupait de Félix quand je travaillais et il allait à la garderie. Ce qui m'empêchait réellement de comprendre pourquoi je me sentais si mal, je crois, c'est que mon malaise ne venait pas directement de mon corps. Je ne sentais pas que mon corps était fautif, mais plutôt que je n'étais pas à la bonne place, au bon moment, et, encore une fois, que je ne faisais pas les bonnes choses. Jamais correcte, jamais adéquate.

— Ça prend combien de temps avant que ça passe ? lui ai-je demandé.

— Quand il va être plus vieux, tu verras…

Elle souriait, convaincue. Je ne l'étais pas, moi. Quelque chose me disait qu'on ne parlait pas du même sentiment. Mais comment dire des mots qu'on ne connaît pas ? J'ai essayé de me persuader que c'était ça, mon émotion : un besoin de décompresser causé par la maternité. Il y avait peut-être une part de vérité dans tout ça, au fond. J'aimais mon fils, j'étais contente de l'avoir, il était adorable avec ses grands yeux bruns et ses cheveux frisés (comme les miens !), mais je n'aimais pas qu'on me dise que j'étais sa mère ou qu'on me parle de ces mois avant sa naissance. Comment croyez-vous que je me sentais quand on me parlait de ces instants ou qu'on prononçait ces mots et que j'avais seulement envie de plisser le nez de dégoût ? Comme une mauvaise mère, comme une mauvaise fille. Comme si j'avais honte de mon fils et de ce que j'avais dû vivre pour qu'il naisse. Une part de mon sentiment dépressif venait de là. Tout est relié, en fait, je m'en rends compte maintenant. Quand on a le nez collé dessus, on ne voit qu'une boule d'émotions noires, et il est très difficile de les comprendre ou d'en déterminer les causes.

Le deuxième magasin de jouets dans lequel j'ai travaillé fut Le Tambourin. C'était plus grand, moins intime et plus occupé. J'y retrouvais toutefois le même sentiment de bonheur à découvrir de nouveaux jeux. J'y ai aussi rencontré Marc.

Il travaillait dans la partie du magasin qu'on disait réservée aux adultes. Aux grands enfants, plutôt. Les filles à l'avant, dont je faisais partie, s'occupaient des jouets et jeux pour petits, et lui, des téléguidés et jeux pour adolescents. Je l'ai immédiatement trouvé de mon goût. Et il n'était pas blond ! Miracle ! Il était grand et mince, peu musclé, avec un gros tatouage sur le bras et des yeux gentils. Il me souriait sans arrêt et j'allais, bien plus souvent que nécessaire, replacer les jeux près de son rayon pour pouvoir lui parler. Il me faisait des massages quand je m'asseyais à la chaise de son bureau pour effectuer des recherches dans l'inventaire. Nous avons tourné autour du pot pendant quelques mois, puis le hasard s'est chargé du reste.

C'était le 31 décembre. Nous devions sortir, tous les employés du magasin ensemble, après la fermeture, mais il s'est avéré que, la banque ayant eu un problème informatique, les salaires n'avaient pas pu être déposés. Plusieurs employés n'avaient donc pas les moyens de sortir. Une autre a décidé de ne pas venir, car elle était malade, et son copain, aussi employé, est resté avec elle. Il n'y avait donc que Marc et moi… Nous sommes allés au restaurant, puis au cinéma. Il n'avait pas de voiture, mais moi si. J'ai tout de suite aimé cette dynamique ; je ne me faisais plus conduire, je prenais le volant. J'avais aussi pris les devants et l'avais l'invité à faire quelque chose malgré l'absence des autres.

Loin de moi l'idée de prétendre que ma masculinité transparaissait au travers de ma prise de contrôle de la situation, et loin de moi l'idée d'affirmer qu'une femme doit se laisser guider ! Cependant, j'étais habituée à ce que le garçon fasse les premiers pas et à ce qu'il conduise, alors, à ce moment, j'ai eu une impression de pouvoir. Ce n'est pas que j'aie eu le dessus sur Marc, non, pas du tout. C'est seulement que, voulant tellement être une bonne fille, je n'avais jamais cru que je pourrais me retrouver dans une situation où je me sentirais en droit de prendre un peu les commandes. D'être une égale.

J'ai passé la nuit chez Marc. Nous étions sur le divan du salon, à nous embrasser, quand j'ai dit :

— Tu veux qu'on monte à ta chambre ?

— Ma chambre est dans le sous-sol.

Oups.

Encore une fois, quand est venu le temps de me rapprocher de quelqu'un, mon corps ne m'a pas semblé me faire défaut. Je ne me suis pas sentie aussi mal qu'on aurait pu le croire. On s'imagine que les personnes trans détestent leur corps avec passion ! Que personne ne peut les toucher, ou même les regarder. C'est parfois vrai – j'ai connu quelques gars comme ça, pour qui les caresses devaient être limitées à certains endroits seulement – et c'est parfois faux. On souffre tous, chacun à sa manière. On utilise tous des stratégies différentes pour engourdir la douleur. Mes stratégies allaient surgir peu de temps après mon histoire avec Marc.

Après notre première nuit ensemble, j'ai quitté la maison de ses parents au petit matin. Je devais rentrer chez moi avant que ma mère, qui s'occupait de Félix, ne parte travailler. En traversant la rue, je savais que Marc me regardait depuis la grande vitre du salon. Je n'ai pas prêté attention à la glace… et me suis ramassée sur les fesses. J'ai ri, pour montrer que j'étais cool et pas du tout embarrassée. Ce qui était évidemment totalement faux.

Après six mois de relation, Marc et moi avons emménagé en appartement ensemble. J'allais toujours au cégep, il travaillait maintenant pour une compagnie de télécommunications. Les choses se sont gâtées très rapidement, probablement parce que nous nous voyions tous les jours et que nos responsabilités s'étaient trouvées décuplées. Marc avait quelques années de plus que moi, mais c'était son premier appartement. J'avais remarqué la dynamique qui existait entre ses parents. Son père n'aidait pas beaucoup dans la maison, et sa mère se chargeait de toutes les tâches ménagères et de la cuisine. Marc n'avait pas cette mentalité, heureusement. Cependant, il n'avait jamais appris à faire les choses par lui-même, ni même à payer des factures. Nous n'avions pas les moyens de dépenser une fortune pour l'épicerie, mais il ne semblait pas s'en rendre compte. Ce n'était que lorsque je me mettais en colère parce que j'avais dû, encore une fois, payer sa part du loyer qu'il s'ajustait.

Il s'occupait cependant beaucoup de Félix, qui l'adorait. Il lui donnait parfois son bain quand je devais étudier, nous accompagnait au parc, le faisait rire. Quels que soient les griefs que je pouvais avoir concernant son sens des responsabilités, Marc aurait pu être un bon papa. Je ne sais pas s'il a des enfants aujourd'hui, mais, si c'est le cas et qu'il n'a pas changé, ils ont bien de la chance.

Après quelques mois de vie commune, une autre chose est venue nous diviser : notre vie sexuelle. Ça n'avait jamais été glorieux, mais elle est passée de moyenne à très, très moche... Sans entrer dans les détails, disons seulement que Marc avait quelques problèmes. Et ces quelques problèmes, combinés à notre situation précaire, ont réveillé en moi une personne que j'espère ne jamais voir revenir.

Après avoir vécu avec le sentiment de ne pas être assez bien pour être la fille de mon père, assez bien pour être la fille populaire, assez bien pour être une mère, maintenant je n'étais pas une assez bonne copine pour être désirée ? Marc avait l'air aussi embarrassé que moi par la situation et, à presque tous les coups, nos tentatives se soldaient par un échec relatif. Nous avions trouvé des moyens de pallier le problème, mais ça ne changeait rien au fait que, à la base, je sentais que je n'étais pas assez belle, assez désirable, assez je ne sais quoi encore pour que tout fonctionne comme il le fallait.

Après un temps, c'est lui tout entier que je repoussais. Je n'avais plus envie qu'il me touche, comme si ma libido était disparue. Ce n'était pas réellement le cas, mais je ne voulais pas avoir à faire face à ses problèmes dont je croyais être la cause directe, alors j'évitais les contacts. Je me tournais sur le côté, dos à lui, et, s'il voulait vraiment que nous ayons une relation, je lui laissais faire le plus gros du travail. Peut-être était-ce une manière de me persuader qu'il me désirait réellement et que tout n'était pas ma faute.

Nous nous sommes fiancés à Noël, un an après notre rencontre. Avec du recul, je crois bien qu'il n'en avait pas véritablement envie, mais je l'avais suggéré (pourquoi, je me le demande encore, moi qui ne suis pas très « mariage »). Cachée tout au fond d'une boîte de livres divers, il y avait une bague. Malgré notre séparation, Marc occupe toujours une grande place dans mes souvenirs. En un sens, je pourrais presque dire que c'est lui qui m'a fait découvrir que je suis trans.

Dans les derniers mois de notre relation, je suis devenue encore plus impatiente. Le manque d'initiative m'a toujours embêté, c'était maintenant encore pire. Il ne faisait jamais rien comme il le fallait. Il ne cuisinait pas bien (mieux que moi, en tout cas !), il ne faisait pas le ménage, il ne respirait pas comme il le fallait. Tout était devenu source potentielle de critiques de ma part. J'avais conscience d'exagérer, mais j'avais mal et ce fut ma manière de repousser la douleur.

Mon mal venait de lui. Directement de lui. C'était un gars, il était beau, il avait un bon travail. Pourquoi diable alors était-il incapable d'avoir assez confiance en lui pour agir en adulte, pour ne pas se plier à tout ce que les autres demandaient ? Se servir de ses organes comme il le fallait, être aussi parfait que j'aurais voulu l'être moi-même ? Un soir que j'étais allée le chercher à son travail, il était venu me rejoindre dans la voiture, des larmes plein les yeux, s'était confondu en excuses de son retard, me disant qu'il devait s'occuper d'un client qui l'embêtait depuis une heure. Maintenant, je repense à ce moment et je ressens son désir de me faire plaisir, son amour d'alors pour moi ; sur le coup, je l'ai embrassé et j'ai dit que j'attendrais sans problème, qu'on irait relaxer à la maison ensuite, jouer à un jeu, tranquilles. Mais, avec le temps, ce trait de personnalité qui peut sembler très romantique et touchant est devenu une tare qui nourrissait ma colère. Marc était faible. C'est ce que je me disais.

Pendant longtemps, j'ai cru que ce que je voulais, c'est que Marc soit comme moi : plus responsable, plus économe, plus fort. Mais, en fait, ce n'était pas ça du tout. Je ne voulais pas qu'il soit comme moi. Je voulais être comme lui.

Je voulais être lui.

Je voulais être beau. Je voulais être un homme. J'étais jalouse. Tout ce qu'il était, tout ce qu'il pouvait faire avec son corps et qu'il semblait incapable de faire, c'est ce qui me mettait en colère. Parce que moi, si j'avais eu sa chance, je ne l'aurais pas gâchée.

Cette logique est pleine de défauts, j'en suis bien conscient. En fait, ce n'est pas vraiment une logique, c'est une réaction primaire à une émotion qui ne peut être décrite. Je me disais : « Si j'étais lui, je ferais ça ! » « Si je pouvais avoir son corps, je saurais m'en servir. »

Nous nous sommes séparés après dix-huit mois. Je n'ai pas été très triste, j'étais tellement en colère ! Le soir même, je suis sortie avec Mélanie et Alexandre (et Félix) et nous sommes allés au cinéma. En voiture, j'ai rangé ma bague dans la boîte à gants.

Plus tard, j'ai réalisé que, chaque fois que je regardais Marc, ma colère grondait pour que ma tristesse de ne pas être comme lui ne puisse sortir et m'écraser. Juste son visage me brisait le cœur. J'ai aussi commencé à me demander si ma réaction intense, déplacée et instinctive n'avait pas une source encore plus particulière. Et s'il était gai ? Et si, en plus d'être homme, il était gai ? Et s'il était EXACTEMENT comme moi ? Son attitude, ses gestes parfois, ses problèmes… Et si c'étaient des indices ? Et s'il pouvait être lui-même, alors que moi, j'étais coincée, et qu'il n'avait même pas le courage de s'assumer ? Je n'aurai jamais les réponses à ces questions, bien évidemment. Je ne l'ai revu qu'une fois, quelques années après, et lui, il ne m'a pas vue. J'aurais voulu m'excuser de mon comportement, mais je n'en ai pas eu l'humilité. C'était avant ma transition, et le voir a ramené tout plein de mauvais souvenirs et de douloureuses émotions. Maintenant que je suis en paix, j'aurais le courage (et les couilles – littéralement) de lui demander pardon.

Je me questionne parfois au sujet de ce qu'il est devenu. Il est peut-être hétéro, c'était peut-être réellement ma faute, ou il s'agissait d'un problème physique que, je l'espère pour lui, il est parvenu à régler. Quand je pense à lui et que je l'imagine gai, je ressens un certain malaise au fond de mon estomac. Je suppose que je suis encore un peu jaloux. Parce qu'il serait né comme j'aurais dû naître.

EDNOS-OSFED

Non, ce n'est pas le nom d'une compagnie ou d'un vaisseau spatial, c'est le nom d'une maladie.

Après ma rupture avec Marc, je me suis concentrée sur mon travail, l'école (je commençais l'université) et Félix. J'ai rencontré quelques gars, dont un qui ne voulait jamais faire l'amour avec un condom. Il devait se croire immunisé contre toutes les maladies connues et inconnues ! Après la pilule qui avait eu des ratés, je n'allais pas prendre de risque ! Nous nous sommes donc séparés.

Ma vie sociale se limitait à Alexandre et Mélanie, nos amis communs, et aux nouveaux que je m'étais faits à l'université. Cependant, je me demandais ce que chaque nouvelle personne que je rencontrais pensait de moi. Étais-je assez bien ? Assez belle ? Je me doutais bien que la réponse n'avait aucune importance dans l'absolu. Qu'est-ce que ça pouvait faire que quelqu'un que je ne reverrais probablement que très rarement me trouve jolie ou intelligente ? Pourtant, je voulais qu'on m'aime. Je revivais toutes mes insécurités du temps du secondaire. Je voulais qu'on me désire, qu'on m'envie. Je croyais que, ainsi, je me sentirais à ma place.

Les voisins de l'appartement du dessus étaient de grands sportifs et je les voyais souvent sortir ensemble pour aller s'entraîner. Pour perdre du poids, et peut-être me sentir bien dans ma peau, enfin, je leur ai demandé un peu d'aide. Je me suis inscrite au gym non loin de chez moi. Ce n'était pas ma première inscription dans un centre de conditionnement physique, mais j'étais motivée, cette fois.

J'ai tout fait de travers. Ma mentalité était celle d'une extrémiste et nous savons tous que, dans toute chose, l'extrémisme ne mène à rien de positif. Avant Marc, j'avais déjà réussi à perdre du poids : une vingtaine de livres en quelques semaines. En ne mangeant chaque jour que trois ou quatre galettes de sarrasin qui goûtaient le carton.

Lorsque j'ai recommencé à manger normalement, j'ai repris mon poids, évidemment. Deux ans plus tard, j'ai renoué avec cette dynamique. J'ai graduellement cessé de manger. Entre quatre et cinq cents calories dans ma journée, et c'était assez. Mon estomac a appris à se contenter de peu et, après un moment, je n'avais plus faim. Jamais. Je me forçais à manger pour avoir un peu d'énergie pour m'entraîner. Un *wrap*, quatre-vingts calories, un morceau de fromage, quatre-vingt-dix calories, de la mayonnaise, vingt calories, deux tranches de viande froide, soixante calories, un *shake* de protéines, cent calories. Voilà une bonne journée !

J'étais plus mince et j'avais l'air plus en forme, mais mon niveau d'énergie était presque nul, je ne dormais pas bien, mon haleine et mon urine sentaient mauvais. Mais on se retournait dans la rue pour me regarder et les garçons me souriaient, alors je devais faire quelque chose de bien, pas vrai ? Mais je n'étais pas satisfaite. J'ai toujours cru que je serais heureuse quand la balance afficherait moins de cent vingt livres. Je ne me suis jamais rendue à ce chiffre.

Au début de ma transition, j'ai donné de vieux vêtements que je n'avais pas portés depuis des années et, parmi eux, un soutien-gorge de sport que j'avais acheté à cette époque. Il devait faire vingt centimètres de long. C'était minuscule ! Mon corps n'a jamais été fait pour peser cent vingt livres, je dois me le rappeler tous les jours. Oui, encore maintenant, il ne faut pas que je l'oublie. J'ai toujours été assez musclé et, sans nourriture et avec de l'entraînement, je perds des courbes. Je me souviens d'un moment, au pire de mes restrictions alimentaires, où je me suis regardée dans le miroir de la salle de bain de l'appartement. Je portais un short de sport gris et cette fameuse camisole de sport noire. Je venais de prendre ma douche, mes cheveux étaient cachés dans une serviette. J'ai mis un chandail. On ne voyait plus de courbes, ou presque. Du moins, au niveau de la poitrine, on ne voyait rien. Et je me suis rendu compte que j'aimais bien mon corps, comme ça. C'est la première fois que je me suis dit que j'aurais aimé avoir un corps de gars. Je ne savais pas ce qu'être trans était, je vous l'ai dit, alors « changer de sexe » ne faisait pas partie de mon imaginaire. Pas réellement. Je l'ai souhaité ce jour-là, en me regardant dans le miroir. Sans courbe, les cheveux cachés, je m'aimais bien, pour la première fois de ma vie. Je n'avais certainement pas compris qu'il fallait creuser cette émotion pour me connaître davantage et pour enfin être heureuse… heureux.

Un an après ma rupture avec Marc, j'ai déménagé dans un appartement moins luxueux avec Félix. Il appartenait aux parents d'Alexandre, qui vivait dans le logement en face du mien, avec Mélanie. Ce n'était pas très loin d'une cantine. Où la poutine était excellente. J'ai mangé. Beaucoup, beaucoup trop. De la malbouffe tous les jours, presque à tous les repas, pourquoi pas ? Fini l'entraînement ! J'ai repris beaucoup de poids. Mélanie était plus enrobée que moi, alors, même si je me comparais, j'étais encore plus mince, ce n'était donc pas si grave… N'importe quelle excuse était bonne pour manger. Surtout des trucs desquels je m'étais privée si longtemps. Dans la cuisine de nos appartements respectifs, il y avait une porte qui menait à un corridor où se trouvaient des espaces de rangement. Lorsque nous faisions des partys, nous ouvrions les portes et avions ainsi les deux appartements à notre disposition, pour naviguer et nous amuser. Il n'était pas rare que des coups retentissent à la porte arrière. Sans faire de commentaire, je pouvais laisser entrer Alexandre et il allait chercher du lait dans le frigo. Les odeurs de cuisson voyageaient aussi très bien entre nos lieux d'habitation. Il est arrivé à plusieurs reprises que des convives s'invitent de manière impromptue. C'étaient de bons moments.

Alexandre et Mélanie se sont mariés. Ce fut une belle cérémonie, mais être entourée de personnes en santé m'a déprimée. Plus personne ne me regardait. J'avais l'impression d'être redevenue invisible et j'étais déchirée. Je ne désirais pas qu'on m'observe, parce que je n'aimais pas de quoi j'avais l'air, mais ne plus attirer de regards voulait aussi dire que je n'étais pas assez belle. Et ne pas être assez belle signifiait que je n'étais pas une bonne fille.

Félix avait quatre ans et moi, vingt-deux, lors du voyage de Mélanie. Elle était partie améliorer son anglais je ne sais plus où. C'est à ce moment que j'ai décidé de perdre du poids. Encore. Après une semaine, au moment de son retour, j'avais perdu six livres. Poids de départ : cent quatre-vingt-quatorze. Quand je l'ai dit à Mélanie, elle a répondu :

— C'est sûrement juste de l'eau.

Bon. Le soutien ne serait pas du côté de mon amie. J'ai donc perdu du poids seule, sans en parler ou sans être encouragée. La perte de poids et la remise en forme sont devenues des choses privées. Jamais ma mère ou mes amis n'ont remarqué un quelconque changement. On me disait que je perdais mon temps au gym ou que je devais manger plus. C'était le seul conseil intelligent du lot; il est vrai que je ne me nourrissais pas assez.

Je suivais des cours de danse à cette époque, du hip-hop, comme le personnage d'Éloi que j'allais créer bien plus tard. Il y avait toujours une pause durant l'été. Entre le début de l'été et la reprise des cours à la fin du mois d'août, j'ai perdu plus de quarante livres. Quand je suis entrée dans le cours, j'ai entendu des « wow! ». Alors, je n'avais pas fait tout ça pour rien? On ne me trouvait pas si mal? Deux filles du cours, des filles avec qui je me serais tenue au secondaire, durant ma « phase » populaire, m'ont même félicitée. J'étais contente. Je ne me trouvais toujours pas si jolie que ça, mais, au moins, j'avais l'impression d'avoir souffert pour quelque chose. Parce que, oui, perdre du poids est difficile sur le plan psychologique. Et c'est vrai pour presque tout le monde; il ne faut pas s'étonner que plusieurs abandonnent en cours de route. Seulement… j'allais dépasser les limites. Je suis devenue obsédée et j'ai réduit mes calories au maximum… encore plus que le maximum. Je me pesais plus de cinq fois par jour! Une fois toutes les deux semaines, je me permettais de manger du *junk food*. Mais, pour remédier à la hausse du chiffre que je voyais sur la balance, je me privais davantage.

Puis, j'ai repris du poids. En mangeant et mangeant et en arrêtant de faire du sport. Ou j'ai maintenu mon poids en m'entraînant, mais en mangeant de la nourriture grasse et calorique tous les jours. Et j'ai reperdu, et j'ai repris. Il fut un temps où je pouvais dépenser plus de cinquante dollars par jour en nourriture. Je me suis beaucoup endettée. Je mangeais quand j'étais seule dans la journée, quand je n'avais pas d'école, je ne mangeais pas quand j'étais avec Félix. Dès qu'il se couchait, j'appelais le restaurant. Ou les restaurants. Je pouvais avoir plusieurs plats au menu, et je me couchais au petit matin.

Parfois, quand je perdais un peu de poids, je me disais :

— Je ne reverrai plus jamais le chiffre 190… 180… 170…

Pourtant, après quelques semaines à ne presque rien manger, je ne perdais plus rien, et une journée de mauvaise nourriture se transformait en ce qu'on appelle un *binge* de plusieurs jours ou semaines, où je pouvais ingurgiter de grandes quantités de nourriture comme si je n'allais plus jamais manger de toute ma vie… Et puis, ça recommençait. Deux cents calories par jour ou dix mille ?

EDNOS ou *Eating Disorder Not Otherwise Specified* est probablement le trouble alimentaire le plus dangereux. Il a été rebaptisé *Other Specified Feeding or Eating Disorder* (OSFED) il y a quelques années. Il s'agit d'un trouble alimentaire qui change continuellement. À un moment, on pourrait parler d'anorexie, à un autre, de boulimie, à un autre, d'hyperphagie.

Je pensais à la nourriture sans arrêt. C'est encore le cas aujourd'hui, et je ne crois pas que ce soit quelque chose qui sortira de mon esprit un jour. Comme je me souviens de combien je pesais à tel ou tel moment, je connais encore le nombre de calories dans presque tout. Je ne peux pas manger quelque chose sans avoir les chiffres qui tournoient dans ma tête. Je choisis maintenant de ne plus y prêter autant attention et de bloquer les additions. Mais reste que l'OSFED a ruiné mon innocence face à la nourriture. Apprécier un bon repas sans arrière-pensées… impossible.

La question de mon apparence a toujours été centrale dans mon existence. Cet état de fait s'est traduit par un désir d'être aussi féminine que mon père le souhaitait, d'être à la hauteur de mon amitié avec Sophie, de ne pas me laisser déclasser par Véronique, de rester dans les populaires, de me faire un chum, de supporter le changement dans mon corps dû à l'arrivée de Félix, de me laisser toucher par Marc… La douleur liée à la non-acceptation de mon apparence (il y avait toujours un problème – mes cheveux, mon poids, mon visage, n'importe quoi d'autre que vous pourriez imaginer) m'a menée vers cet intense trouble alimentaire. *Full-blown*, dirait-on en anglais. Généralisé. Critique. Englobant.

Le problème, en fait… ce n'était pas mon poids-et-autres-excuses. L'OSFED n'était qu'un symptôme. La source était tout autre. Comme lorsqu'une chaîne de vélo ne cesse de sortir de ses pignons. Ça peut être les vis qui ne sont pas assez serrées, ça peut être l'usure même de la chaîne, ça peut être le pédalier qui est désaxé, le frein qui est rouillé, la roue qui est croche. Impossible de savoir sans un examen poussé. Mais, quand on ne connaît rien au vélo, trouver le problème est difficile. Et il y a de bonnes chances qu'on pose le mauvais diagnostic. Toute cette haine et cette recherche désespérée d'un corps qui me ferait enfin me sentir… moi… ne passaient pas du tout par le poids. Ça passait par l'identité. Mais je ne connaissais rien à ce sujet. Je croyais avoir le bon diagnostic. Qui était, à l'époque: je ne suis tout simplement pas assez jolie, il faut que je travaille plus fort.

Me prive plus.

Fasse plus de sport.

Ne dise rien à personne.

Et que je ramasse les pots cassés quand je glisse et ne peux me contrôler.

J'étais donc en pleine dépression. Il s'agit d'un mal encore peu connu, alors, il y a dix ans, la dépression était synonyme de pleurs incessants, de chambres aux rideaux fermés, d'une humeur sombre et de pilules. C'est encore un peu le cas, malheureusement.

Pourtant, j'étais heureuse. Certains jours. Je riais avec mes amis, je m'amusais avec Félix sans me dire que, oh mon Dieu, j'étais en train de feindre. Quand ils tournaient le dos, mon visage ne se décomposait pas sous le coup de la douleur psychologique.

Mais parfois… parfois me prenait l'envie de compter les jours. Félix avait quatre ans, il me ressemblait beaucoup. Il avait une tête de cheveux frisés à la Jim Morrison, et c'était un bon petit garçon. Il aimait jouer seul et il écoutait bien les consignes. Je voulais qu'il soit heureux, alors je comptais les jours. 5224 jours avant ses dix-huit ans. 5189 jours. 5150 jours. Comme si, après ses dix-huit ans, il n'aurait plus eu besoin de moi ! Pourtant, parfois, je comptais en me disant que, à ce moment, je pourrais partir. Et par partir, je veux dire : en finir.

J'ai longtemps pensé au futur en me disant que devenir toute ridée avec des rhumatismes, ça n'allait jamais m'arriver. Pas parce que je ne voulais pas être vieille (pas du tout, je trouve qu'il y a une grande beauté dans la vieillesse), mais parce que je ne voyais pas comment je pourrais vivre passé trente-cinq ou quarante ans. Après, qu'est-ce qu'il y aurait ? Il me semblait que vivre comme je le faisais, sans jamais avoir l'impression d'être assez bien, assez n'importe quoi, ne pouvait pas durer. Je continuais mes études avec l'intention de travailler dans une bibliothèque ou dans une maison d'édition, je faisais mon bout de chemin, comme on dit. Mais je voyais mon avenir, avec ses journées pareilles les unes aux autres, et je n'avais pas envie de ça.

J'étais membre d'un forum pour parents québécois (il n'y avait que des femmes sur ce forum, cependant) et j'avais plusieurs amies sur cette plateforme, certaines plus proches de moi que d'autres. Un jour, la veille de Noël 2007, j'ai publié un message intitulé « Je veux vivre ! » :

« J'ai besoin de parler. Même si ce n'est qu'avec mon écran… quelque part vous êtes là… Je me sens mal ces temps-ci… tout le monde va bien ici, c'est seulement que je me sens tellement… je ne sais pas en fait comment je me sens… je ne peux pas mettre le mot sur le poids qu'il y a en moi… Je me demande comment vous faites, vous, tout le monde ou presque, pour être satisfaits de votre existence… Ce n'est vraiment pas un reproche, j'envie ceux qui le peuvent, mais moi, j'ai l'impression que je ne peux pas… Les mots ne traduisent pas réellement ce que je ressens, c'est la première fois qu'ils m'abandonnent, ils ne sont d'aucun secours pour moi, on dirait qu'ils n'existent que dans la fiction… J'essaie de créer une réalité pour que vous puissiez comprendre, mais les mots dont je me sers habituellement ne sont pas à la hauteur, il faut croire.

Je fais de mon mieux. Je me sens tellement inutile… en fait, pas réellement inutile: utile pour mon fils, ma famille, mais inutile pour ce monde… Je sais que ce n'est pas clair ce que je dis… Inutile pour cette vie qui bouge plus vite qu'on ne peut la vivre, inutile pour la société qui viendra. Quant à cette vie présente, c'est trop tard, j'ai tout gâché…

Je suis quoi ? Rien du tout. Quand je vais mourir, personne ne prendra quelque chose dans ses mains… (à part ma famille) et saura que j'ai vécu…

En fait, je n'ai pas l'impression de vivre, on dirait plus que je survis, et je n'aime pas ça. Pour ce monde, je ne suis rien, et prendre conscience de ça, ça me démolit depuis quelque temps. Je ne veux pas être célèbre ou je ne sais pas quoi. Je ne veux pas être un autre… Che ou un autre Gandhi… dans ce cas, je ne serais «qu'un autre» je ne veux pas être acclamée maintenant, je ne veux pas qu'on se dise que je suis merveilleuse, je veux laisser une trace. Mais est-ce que je le peux ? Réellement ? Non. Je veux vivre, et non survivre jusqu'à la fin, je veux juste exister pour quelque chose… Je n'attends rien de ce présent qui est le mien, le nôtre. Est-ce ça, le problème ? Je ne sais pas. Je pense plutôt que le fait que je n'attende rien de l'avenir est une plus grosse blessure. Je n'ai plus d'objectif. Ce que je voulais réussir, je l'ai réussi, ce que j'aurais aimé vivre comme futilités, je ne peux pas les vivre et je m'en fiche. Ce que je voudrais être après ma mort me fait dire que je ne suis rien maintenant, et c'est ce qui me serre le cœur. Je sais ce que je suis maintenant: une maman, une amie, la fille de quelqu'un. Mais est-ce suffisant ? Je ne le crois pas… J'ai 22 ans. Et je vais mourir quand ? À 70-75 ans ? 80 ? Je trouve ça trop loin je voudrais que ça arrive plus tôt. Je trouve pénible de rester là à attendre ce qui va forcer l'oubli Je ne pense pas que ce que je dis soit tellement compréhensible quand on ne l'a pas ressenti, mais ça m'aide de l'écrire… »

J'ai reçu beaucoup de soutien, toutefois les filles ne comprenaient pas réellement. En fait, moi-même, je ne comprenais pas vraiment où je voulais en venir avec tout ça. Je me bataillais avec ma tête, je voulais faire quelque chose d'important, mais je n'étais même pas capable de me regarder sans me trouver pathétique. J'ai vécu avec ces émotions pendant un long moment. Et puis, j'ai découvert l'Angleterre.

GREAT, GREAT, GREAT BRITAIN

Mon amie Janice, que j'avais rencontrée à l'université, m'a initiée au monde du sous-titrage. Elle travaillait déjà pour une compagnie située dans le Vieux-Port qui cherchait de nouveaux employés. Par la peau des dents, j'ai eu le poste. J'ai découvert que j'adorais le sous-titrage. Ce n'était jamais la même émission et c'était un peu un casse-tête, un jeu. Vous savez comme je détestais la routine et combien j'aimais les jeux… C'était parfait pour moi. J'étais déçue quand le vendredi arrivait, et j'avais hâte au lundi. Je ne voyais pas comment j'allais laisser une trace ou donner une raison à mon existence avec tout ça, mais, au moins, j'avais un emploi que j'appréciais vraiment et qui justifiait mon baccalauréat.

J'avais postulé pour la maîtrise en création (ils ne prenaient que douze candidats), et j'avais été choisie. Mais, motivée par le désir de changer quelque chose quelque part, à la recherche de je ne sais quoi, j'avais changé d'angle et avais plutôt opté pour la recherche, justement. Après quelques semaines de cours seulement, je me suis rendu compte de mon erreur. Oh mon Dieu, quelle erreur ! J'étais entourée de personnes qui citaient sans arrêt l'un et l'autre, qui ne juraient que par les lectures qu'elles avaient faites et qui avaient pour sport national l'utilisation de la phrase : « Comme disait un tel... » C'était d'une prétention sans nom !

Je ne sais si c'était à cause de mon intérêt pour la création littéraire et théâtrale, mais je trouvais leur attitude à la fois très ennuyante et ridicule. J'avais passé ma vie à faire ce que les autres attendaient de moi ! Ma vie était une citation.

Donc, après à peine un mois de maîtrise dans cette atmosphère, j'en ai eu assez. J'ai abandonné. J'avais bien l'intention d'y revenir, mais dans une autre université, en création cette fois. Mais pas tout de suite. En attendant, j'avais d'autres projets.

Avec le nouvel emploi et la liberté que me procuraient à la fois un bon salaire et mon absence de l'école pour la première fois depuis vingt ans, j'avais envie de faire quelque chose de différent. Qui me sortirait de ma routine qui consistait à aller travailler et à rentrer le soir pour m'occuper de mon fils. Même si j'adorais faire du sous-titrage, cela ne changeait pas le fait que je n'avais pas l'impression de valoir quoi que ce soit et que j'étais très déprimée. Je cherchais un moyen de me sentir en vie.

Quelques années auparavant, j'avais découvert, tout à fait par hasard, la musique du groupe McFly. Originaires de Grande-Bretagne, ses membres produisaient un son se situant à mi-chemin entre les Beach Boys et les Beatles. Ils étaient (et sont toujours) un quatuor d'auteurs-compositeurs-interprètes. J'étais tombée sur leur premier *single* quelques jours seulement après sa mise en ligne et j'avais été accrochée. Je les avais suivis depuis, mais, malgré leur immense popularité en Angleterre (ils ont décroché le record du *Livre des records Guinness* du plus jeune groupe dont un album a été classé numéro un… record antérieurement tenu par les Beatles eux-mêmes, ce n'est pas rien !), une carrière américaine ne semblait pas faire partie de leurs plans.

Toujours est-il que, dans la tornade qu'était ma dépression, l'idée de prendre l'avion pour aller les voir en spectacle m'a frappée de plein fouet. Je pouvais le faire et j'allais le faire ! Cette idée est devenue le seul truc auquel je pouvais me raccrocher. Je conversais de temps à autre avec des Françaises, sur un forum destiné au groupe, et elles projetaient de voir un spectacle à Bournemouth, dans le sud de l'Angleterre. J'ai décidé d'aller les rejoindre. J'ai aussi acheté un billet pour Birmingham, une ville située à environ trois heures au nord de Londres. Un billet d'avion, des réservations de train, de bus, d'auberge de jeunesse… et voilà.

Je fréquentais un gars du nom de Sébastien, à l'époque. Il m'aimait plus que je ne l'aimais. J'avais encore en tête ma relation avec Marc, et une autre avec un certain Patrice, dans laquelle je m'étais embarquée beaucoup trop vite, avant même de le connaître réellement, et qui m'avait très déçue. Sébastien n'allumait aucune flamme en moi. Je ne sais si c'est à cause de la dépression ou de nos personnalités non compatibles… Il me complimentait sans arrêt, c'était un super ami. Gentil, généreux, intelligent. J'aurais voulu l'aimer d'amour !

— Si tu me demandais de partir avec toi, je le ferais, m'a-t-il dit, en chemin vers l'aéroport.

Je ne l'ai pas invité.

— J'ai besoin de partir seule. De faire ça pour moi.

C'était vrai. Je sentais que c'était *mon* moment, mon voyage. Partir seule était l'unique moyen de faire les choses, j'en étais convaincue.

— Je comprends. Je vais être là quand tu vas revenir.

Le 8 novembre 2008, je suis partie avec seulement un sac de sport et beaucoup d'attentes. Ma première nuit à Londres fut difficile, je voulais rentrer, je n'aimais pas ne pas contrôler ce que je savais et ce que je ne savais pas. Dans une ville qui t'est inconnue, chaque coin de rue est une incertitude. Ma vie était déjà pleine d'incertitudes, pourquoi me mettre volontairement dans la position de celle qui ne sait plus où aller ? C'était stupide !

Le lendemain matin, en me réveillant au son de deux gars belges discutant de leurs plans de la journée, j'ai réalisé ma chance. J'étais en Europe, j'étais seule, sans obligation autre que de prendre le train le lendemain pour me rendre à Birmingham. J'y repense et j'ai envie de pleurer. Le sentiment de liberté était presque suffocant. Personne ne s'attendait à rien de moi. Je n'étais qu'une quidam dans la rue, avec un gros sac et une carte. J'étais invisible et anonyme. Cette expérience a allumé ma passion pour les voyages. J'ai compris ce que ça voulait dire, s'évader. Être déstabilisée pour une bonne raison. Auparavant, je me sentais étrangère sans explication, alors que là, perdue dans les rues de Londres, je découvrais le sens réel de la liberté et de la libération. Être étrangère était un bonheur.

Je suis allée au palais de Buckingham avec les deux Belges. On a parlé de gaufres et du Vieux-Montréal. On a vu la reine. Par pur hasard, sa voiture s'est arrêtée à côté de nous. Elle nous a envoyé la main.

Certains m'ont dit :

— T'es vraiment partie toute seule dans un pays que tu ne connaissais pas ? C'est dangereux.

Est-ce que ce l'était réellement ? Je n'ai jamais vu les choses sous cet angle, mais je suppose que leur réserve est légitime. Une femme seule, sans trop de repères… Une victime potentielle idéale. Je comprends peut-être davantage ma mère qui s'inquiétait de mon départ.

J'ai rejoint les filles à Bournemouth, on a pris des photos sur le bord de l'océan. Le lendemain, je devais monter dans l'autobus pour retourner à Londres. Dans le dédale de rues de la petite ville côtière, je me suis perdue. Remarquant un homme qui marchait à côté de son vélo, j'ai couru à sa rencontre pour lui demander mon chemin. Il était cinq heures trente du matin.

— Je vais te conduire, a-t-il dit. C'est pas loin.

On a marché côte à côte pendant un moment. Il m'a demandé d'où je venais. Quand j'ai parlé de Montréal, son visage s'est illuminé.

— J'ai travaillé pour une entreprise du Québec ! Le Cirque du Soleil, tu connais ?

Il m'a raconté ses voyages en Amérique avec le cirque, sa carrière de trapéziste, jusqu'à ce que nous arrivions à la station d'autobus. Je lui ai offert un café en attendant le départ, mais il a poliment refusé.

— Je dois aller me coucher. Après avoir travaillé toute la nuit, je suis fatigué. Bonne fin de voyage !

Il a enfourché sa bicyclette et il est parti. Cet homme, après sa nuit de travail, a quand même pris le temps de m'aider à trouver mon chemin. Et, parmi toutes les personnes que j'aurais pu croiser, cet homme, précisément, avait un lien avec le Québec. Il n'y a qu'en étant seul et dépaysé qu'on se rend compte de la générosité des gens, et qu'on n'est jamais si loin de sa maison.

Quand je suis arrivée à l'aéroport Pierre-Elliott-Trudeau, Sébastien m'attendait, comme prévu. J'ai pris la décision sur-le-champ, en un instant, de lui dire que lui et moi, ça ne marcherait jamais.

J'avais besoin de me retrouver et je devais le faire seule. Mon sac à dos et moi, on avait découvert la solitude, et j'y étais un peu devenue accro. Maintenant, parfois, je l'avoue, quand je parle de l'Angleterre, je dis que c'est chez moi.

LE DÉBUT DE LA FIN

Tristan, mon deuxième garçon, est arrivé en 2009, alors que j'étais âgée de vingt-quatre ans. Je pensais à avoir un second enfant. Pour que Félix ne soit pas seul. Au cas où il m'arriverait quelque chose. Je ne comptais plus les jours avant sa majorité, mais mon moral n'était pas nécessairement au beau fixe non plus. C'était un projet qui me travaillait et j'avais presque abandonné l'idée quand j'ai fait un test positif. Je n'étais pas en couple, alors ce n'était pas l'idéal. Son père et moi, on ne se fréquentait même pas ! Je savais que je devrais m'occuper du bébé seule si je décidais de le garder. Le test positif ne fut pas une aussi grande surprise que six ans auparavant, avec Félix, mais m'a tout de même déstabilisée pendant un long moment. Et puis, je me suis dit : « C'est peut-être la solution de mon mal. » Une nouvelle aventure. J'ai volontairement choisi d'ignorer le fait que cette volonté de prouver ma féminité avait échoué la première fois et que ce n'était pas un nouvel enfant qui allait régler ce problème. Pas plus qu'une autre diète ou une autre dépression.

Quelques mois avant de passer un test de grossesse positif, j'avais revu Julie. Vous vous souvenez ? Celle avec qui j'avais passé une partie de mon secondaire. Nous avions toutes les deux gagné en féminité, mais les ressemblances s'arrêtaient là, dorénavant. Elle qui avait un très grand potentiel et de meilleures notes que moi avait tout abandonné, avait tout juste fini le secondaire. Quand je l'ai revue, j'ai appris qu'elle était enceinte de jumelles. Nous avons essayé de reprendre notre amitié là où nous l'avions laissée, avec des conversations sans conséquence et une certaine légèreté, mais nous avions vieilli et, alors que je me battais pour terminer l'université et élever Félix tant bien que mal, elle attendait que le temps passe. Je l'ai enviée, j'avoue. Mais, après quelques mois, je me suis rendu compte que, si je voulais avoir une influence quelconque en ce monde et changer les choses un tout petit peu (sans avoir la moindre idée de ce que « les choses » désignaient), attendre que le temps passe n'était pas une option.

J'ai réalisé que je devais chercher plus profondément à l'intérieur de moi pour comprendre ce qui n'allait pas, et qu'un autre enfant n'allait rien régler du tout. Malgré tout, j'étais contente de donner un frère ou une sœur à Félix.

La naissance était prévue pour le début du mois de décembre, mais j'ai dû être mise au repos dès septembre. J'en suis venu à penser, avec le temps, que mon corps savait bien qu'il n'était pas fait pour porter des enfants, qu'il savait que je faisais alors quelque chose qui aurait dû m'être refusé dès ma naissance. Outre ces derniers mois plus difficiles (surtout ennuyants, en fait), le reste de cette période s'est bien mieux passée que la première fois. J'étais plus mince au départ, je sortais tout juste d'une période où je ne mangeais pas beaucoup. J'avais recommencé à ne manger que de la malbouffe juste avant mon test positif et on aurait dit que ce petit + m'avait guérie.

Pendant ces neuf mois, je me suis presque sentie jolie. Et je n'avais pas trop d'attentes. Je savais que je ne comprendrais jamais les gens qui croient qu'il s'agit du plus beau moment de l'existence d'une femme, je savais que jamais je n'allais me regarder dans le miroir et accepter totalement ce que je voyais. Mais, comme je n'ai pas pris beaucoup de poids et que j'étais plus en forme, mes formes, justement, ne se sont pas trop accentuées, alors j'ai pu vivre ces mois sans trop me détester.

La naissance de Tristan s'est très bien passée. À onze heures trente, j'annonçais à mes amies du forum que je partais bientôt pour l'hôpital et, à treize heures vingt, Tristan était là. C'était un bébé tranquille (comme je m'ennuie de ces moments – j'ai sans contredit oublié de lui faire un bouton Arrêt !).

J'ai pu allaiter pendant presque un an. Contrairement à la première fois, je savais qu'il y avait quelque chose qui n'allait pas. Je n'aurais pas encore pu dire exactement ce que c'était, mais j'étais mal à l'aise avec l'acte même.

Avec deux enfants, je me suis dit que je devais régler mes problèmes. Que je devais contrôler ma nourriture. Et mon dégoût de mon apparence. Quelque chose devait changer. J'avais encore plus de responsabilités, et je n'étais pas comme les mères du forum, je le voyais bien. J'étais un bon parent, malgré tout. Je devais seulement tenter de me comprendre davantage.

J'ai repris mes études, après avoir arrêté pendant deux ans à cause du contrat de sous-titrage et du congé de maternité. En premier lieu, je pensais faire une étude d'*Alice au pays des merveilles* et d'*Aliss*, de Patrick Senécal. Puis, j'ai décidé que je préférais la création à la recherche et qu'une maîtrise en recherche-création me conviendrait mieux. En première année de maîtrise, je me suis inscrite à un cours de création littéraire... un autre. Et j'ai écrit un texte devant servir de prémisse à ma création : située dans un pays semblable à la France des années 1890, l'histoire présentait un jeune garçon, Octave, intrigué par l'arrivée d'un nouvel élève, Antonin, dans l'orphelinat dirigé par ses parents. Octave, un adolescent terre à terre et solitaire, se liait d'amitié avec l'exubérant Antonin et apprenait les pouvoirs de l'imaginaire. Dans mon mémoire, les deux garçons devaient partir à la recherche du père d'Antonin, un révolutionnaire disparu. J'y voyais personnellement une étude des classes sociales, du milieu de l'éducation, en plus d'un périple pour deux jeunes qui ne savaient rien du monde. Les étudiants de ma classe y ont décelé une histoire d'amour en chantier, un sous-texte homosexuel très fort… que je n'avais pas perçu moi-même. Encore une fois, je ne pouvais pas m'éloigner de l'homosexualité et j'ai pris la décision, sur un coup de tête, d'étudier la littérature à thématique homosexuelle destinée aux adolescents.

Sans ce changement d'angle, sans ce risque que j'ai pris alors qu'il me restait seulement dix mois pour rédiger mon mémoire, vous ne seriez pas en train de faire ce voyage avec moi, aujourd'hui. Ce choix a changé ma vie du tout au tout. Sans cela, je n'aurais pas compris qui j'étais.

En faisant des recherches, en tentant de construire mon corpus, en y incluant toutes les lettres de l'abréviation LGBTQ (lesbienne, gai, bisexuel-le, trans, *queer*), je suis tombée sur quelques romans comprenant des personnages transidentitaires. Comme ils venaient des États-Unis, je n'y ai pas prêté attention, puisque je me concentrais sur les œuvres du Québec uniquement. Mais je me suis questionnée… Cette fille trans, dans ce roman, comment se sentait-elle ?

Contrairement à ce que vous pourriez croire, je n'ai pas eu d'épiphanie, je ne me suis pas relevée en me disant : « Ça y est, c'est ÇA ! Je suis trans ! » Mais l'émotion sous la décision d'opérer une transition m'a intriguée. Penser à une transition me procurait un drôle de sentiment au fond du ventre. J'avais la possibilité d'être un homme ? En étais-je un ? Mon corps pouvait-il être celui d'un homme ? Mon cœur se serrait, l'air me manquait, j'avais la chair de poule. Je retrouve ce sentiment au décollage d'un avion, quand je pars. Je vais découvrir quelque chose, je vais grandir. Pendant des semaines, je me suis demandé si c'était possible. Je ne me suis pas imaginée en tant qu'homme, j'ai pensé à l'émotion. Est-ce que les personnes trans avaient les mêmes sentiments que moi ? Se sentaient-ils honteux, inadéquats, dégoûtants ?

Un membre de la famille de mon amie Amélie étant trans, j'ai voulu obtenir son courriel. C'était la première fois que je parlais à une personne trans. Et, en plus, c'était un gars trans, qui était né avec un corps comme le mien, ce dont les médias ne parlaient presque jamais. Encore aujourd'hui, plusieurs personnes ne semblent pas savoir qu'il n'y a pas que des femmes trans qui peuplent cette terre… Mais, même après avoir discuté avec cette personne, en décembre 2011, pas d'épiphanie. Il a été assez gentil et généreux pour me parler de ce qu'il ressentait, mais nos personnalités et nos manières d'aborder la vie étaient diamétralement opposées, rendant difficile un rapprochement autre que superficiel. Ma vie a toujours été assez « normale » : je n'ai pas été lourdement maltraitée (d'aucuns pourraient dire que mon père m'a fait subir de la violence psychologique et j'aurais presque tendance à être d'accord, je n'en sais rien), j'ai toujours eu de la nourriture, un toit, des cadeaux, j'avais de la facilité à l'école. Cependant, j'avais aussi eu un bébé à dix-huit ans et j'élevais mes deux fils seule, j'avais encore beaucoup de difficulté à contrôler mon alimentation et je ne savais pas qui j'étais. Mais je me battais tous les jours pour que tout ça ne me définisse pas; je voulais plus et je travaillais fort pour l'obtenir. Pour trouver ma place. Je n'ai jamais été défaitiste et les moments tristes et de doutes ne m'avaient pas consumée. L'identité féminine était un poids, certes, mais je continuais d'avancer, malgré cela. Et ce que je retirais de ces conversations, c'était: « Quand tu es trans, tu es triste, tu es malheureux, ne peux fonctionner, tu le sais tout de suite. » Et moi, je fonctionnais et je ne l'avais pas su dès mon enfance. Alors, je n'étais pas trans.

En mars 2012, je suis retournée en Angleterre. Avec une fille que j'avais connue sur un site de *fan fiction* du groupe McFly, je suis allée voir trois spectacles dans différentes villes d'Europe. J'ai cette habitude de voyager avec des gens que je n'ai jamais rencontrés *de visu*... Elle venait d'Allemagne. Nous nous sommes retrouvées à Londres et nous sommes promenées, sac à dos sur les épaules. À Margate (petite ville près de la mer du Nord), nous avons attendu toute la nuit à la porte de la salle de concert. Il faisait très froid et nous nous étions recouvertes de feuilles d'aluminium comme celles que les ambulanciers donnent aux blessés pour les réchauffer. Nous avions l'air de deux patates au four... Plusieurs fois durant la nuit, des gars bizarres sont venus nous offrir d'aller dormir chez eux. Non merci! Un facteur est passé à deux reprises.

— Qu'est-ce que vous faites là?

— On attend pour un concert !

— À quelle heure ? nous a-t-il demandé en regardant sa montre.

— Neuf heures.

— C'est dans huit heures, a-t-il répliqué.

Kerstin s'est mise à rire. La situation était ridicule, qu'est-ce qu'on faisait là, hein, au juste ?

— Neuf heures du soir, monsieur, ai-je spécifié. Dans vingt heures.

— Vous êtes folles…

On l'était, en effet. On était les cinquièmes en file, les trois premiers dormaient dans une auto non loin. Ce fut le meilleur spectacle que j'ai vu de ma vie. Nous avons pu mettre nos sacs dans la voiture d'un gars qui suivait le groupe de ville en ville. Nous avons fait la barrière, c'est-à-dire que nous étions directement appuyées dessus. Comme la salle était minuscule (c'est pourquoi nous avions choisi cette ville et avions dormi dehors), nous étions à moins de trente centimètres de la scène. C'était génial. La musique, la mer, les autobus, le manque de sommeil, les auberges de jeunesse, des gens de partout sur la planète, la solitude… Le bonheur.

Le retour à la réalité – au Québec – a été un peu brutal. Je devais finir ma maîtrise et il ne me restait que quelques mois pour tout écrire. J'avais aussi décidé de m'inscrire au doctorat, et il me fallait préparer mon dossier. Je travaillais heureusement pour un petit magasin de jouets peu occupé, ce qui me laissait le temps de remplir mes documents sans devoir y passer toute la nuit.

Ma relation avec la nourriture était hors de contrôle, mais je n'avais pas le temps de me casser la tête avec ça. Je songeais encore à ces quelques courriels échangés avec le garçon trans et, de plus en plus, je me disais que notre expérience pouvait être bien différente et que je devrais lire d'autres témoignages et regarder des documentaires… Mais je ne l'ai pas fait. J'y pensais tous les jours, plusieurs fois par jour, mais je n'ai pas creusé. J'avais peut-être peur de savoir. Toutefois, la question remontait de plus en plus souvent à la surface : « Est-ce que ça pourrait être moi, ça ? » Surtout que j'en étais à corriger le manuscrit qui allait accompagner mon essai. Écrire l'histoire de deux garçons amoureux et replonger, jour après jour, dans un univers où des gens d'un certain genre aiment d'autres personnes du même genre qu'eux me faisait penser à mes années de secondaire où, malgré moi, je déplorais que certains gars qui m'intéressaient ne soient pas homosexuels. Sans tout à fait comprendre ce que cela voulait dire, je savais intimement que c'était lié à une question d'identité. J'enviais mes propres personnages. Ils n'existaient même pas et j'en étais jalouse. Ce qui me poussait à me demander : « Est-ce que j'existe, en fait ? »

Vous savez, ça semble assez simple, maintenant, quand j'y pense. Je voulais que mon copain soit gai. Mais pourquoi ? Parce que je me sentais gai moi-même. Fin de l'histoire. Mais ce n'est pas si facile à comprendre quand on a le nez collé sur la situation. Surtout quand on ne déteste pas son corps de manière aussi violente que ce qu'on entend dans les médias et autres. J'ai lu et vu beaucoup d'histoires où les femmes trans, par exemple, ont voulu couper leurs organes génitaux pour correspondre à une image largement propagée de la femme. Chez moi, cette violence était bien plus subtile. Elle est passée par la dépression, par les troubles alimentaires, éléments dont bon nombre de femmes – d'humains – souffrent, sans égard à leur identité de genre ou à leur orientation sexuelle. Et souhaiter que mon partenaire s'identifie comme gai ? Ce n'était pas MOI, c'était LUI. L'attention était braquée sur lui, je mettais son identité en lumière, pas la mienne. Il ne s'agissait pas d'une balle qui rebondissait ; en l'espérant gai, je n'étais pas, par la magie de vases communicants, un homme homosexuel moi-même. J'étais une fille avec des idées bizarres.

Mais, avec mes études sur des thèmes LGBTQ et mon écriture, mon désir d'être comme un certain groupe de personnes – les hommes gais, évidemment – est devenu de plus en plus fort. Lorsque quelqu'un faisait son *coming out*, dans mon entourage ou même sur Internet, j'éprouvais cette douloureuse sensation au fond du ventre, cette espèce de jalousie qui me faisait mal. Quand Tom Daley, un plongeur britannique que j'adore, a annoncé sa relation avec un homme en 2012, je n'ai pu regarder sa vidéo explicative. Il m'aura fallu attendre plus de deux ans avant d'en avoir le courage et que la douleur ne soit plus aussi omniprésente. J'aurais voulu faire la même chose. J'aurais voulu dire au monde entier (ou seulement à mes amis !) que je n'étais pas hétéro, que j'aimais les garçons. Mais ça, tout le monde le savait… J'en avais tellement assez de me poser des milliers de questions sans arrêt ! On aurait dit que c'était tout ce que je faisais de ma vie ! Que pourrait être mon existence sans tout ce bruit dans mon cerveau, hein ? C'est là que j'ai commencé à creuser.

Pour être vue comme je me voyais moi-même, pour être enfin en paix avec cette émotion qui me poussait à me dire « pourquoi tu ne te sens pas comme une fille hétéro, pourquoi tu te sens comme un homme gai ? » il fallait que je me demande ce qui faisait d'un homme gai un homme gai. Être attiré par les hommes ? *Check.* Ne pas être attiré par les femmes ? *Check.* Être un homme ? C'est là que je ne correspondais pas aux critères de base. Qu'est-ce que je devais faire, alors ? Je voulais faire quelque chose, mais… j'avais peur.

En septembre et octobre de la même année, tout juste après le dépôt de ma maîtrise, mon amie allemande Kerstin est venue au Québec. Ensemble, nous avons visité la province, ainsi qu'une partie de l'est des États-Unis. Ensemble, nous nous sommes promenées, sac sur le dos, comme six mois auparavant, en comparant les États-Unis et l'Angleterre, rencontrant des dizaines de personnes dans les auberges.

Mon retour allait marquer le début de trois axes majeurs dans ma vie, qui allaient me définir et régir tout le reste de mon existence : le doctorat, la publication de mon premier roman… et ma transition.

QUEL EST MON NOM ?

En septembre 2012, une semaine seulement après avoir déposé mon mémoire de maîtrise, j'ai envoyé le texte de création que j'avais produit à différentes maisons d'édition. Je l'avais quelque peu retravaillé parce que, bon, un texte de cent pages destiné à des professeurs universitaires ne fait pas réellement un roman digne de ce nom... Leurs attentes sont différentes et ils sont un peu plus... vieux jeu.

À peine une semaine après mon envoi, j'ai reçu un appel : les Éditions de Mortagne voulaient *Double échappée* ! Il s'agissait d'une histoire d'amour entre deux adolescents, et ce texte m'avait permis de mettre en mots comment j'aurais aimé que mes relations se déroulent, quand j'étais moi-même adolescente. Je partais sous peu pour New York avec Kerstin, mais il était prévu que je passe les voir et signe possiblement un contrat à la fin du mois. Je ne crois pas, à ce moment, avoir pleinement réalisé ce qui se passait. Eille, un contrat d'édition ! Mes écrits allaient se retrouver sur les tablettes des librairies !

J'ai donc commencé le doctorat en septembre 2012, j'ai signé mon premier contrat d'édition au début du mois d'octobre 2012, j'ai entamé ma transition sociale en décembre 2012. On pourrait dire que c'était mon année. Mais ce serait faux. 2012 n'a pas été si marquante, quand j'y pense. J'ai le sentiment que c'est justement tout ce qui est venu après qui m'a marqué. Comme si, avant, bien que ce que je faisais eût une importance à mes yeux ou aux yeux des autres, je n'arrivais pas à y croire réellement, à me penser maître de toutes ces choses. Je n'existais pas vraiment, c'est pour ça. Je parviens maintenant à construire des souvenirs dans lesquels je peux me situer et me reconnaître, ce qui ne s'était jamais produit auparavant.

Je ne saurais vous dire comment est venu le déclic. Évidemment, l'idée me tournait dans la tête depuis quelque temps, comme en témoignaient mes conversations avec le cousin de mon amie, mais je ne me souviens pas d'un moment où je me suis vraiment, vraiment attardé sur la question et ai débattu de la possibilité de faire une transition ou pas. Je ne me pensais pas trans, je crois. J'avais commencé à lire sur Internet et je tombais immanquablement sur des témoignages de gars trans qui aimaient les femmes, qui s'habillaient de manière masculine avant la transition, qui savaient qui ils étaient depuis longtemps. Je ne correspondais à aucun de ces critères. Je lisais sans arrêt le terme « dysphorie de genre » et la définition, ses manifestations, c'était moi ! C'était tout moi ! Mais… j'avais ce mal au fond du cœur, cette envie de chercher plus, comme si je savais que c'était ma place. Toutefois, selon les témoignages de personnes ayant fait une transition, tellement de choses nous séparaient dans nos expériences… Je ne voulais pas encore être celle – celui – qui était à côté de la plaque. J'avais assez donné !

Je sentais cependant la dépression revenir lentement. Je recommençais à compter les jours. Mais là, il y avait Tristan. Il était encore tout petit et le nombre de jours avant ses dix-huit ans, avant que je puisse tirer ma révérence, était grand. Je ne me voyais pas survivre tout ce temps. Je devais faire quelque chose. Qu'est-ce que je voulais, au fond ? J'ai bloqué tous les jugements que je pouvais recevoir, ai fermé mon esprit aux critères que j'avais pu déduire de mes lectures, aux paroles de cet autre gars qui ne me rejoignaient pas réellement. Je me suis écouté, moi. Moi seul. C'était la première fois que j'entendais ma propre voix. C'est l'impression que j'ai eue. Ç'a fait *clic !* Tout à coup, le fait que je ne me sente pas comme cet autre gars, le fait que je ne semble pas cadrer avec ce portrait triste et tourmenté que les médias aimaient peindre… ça n'a plus eu d'importance. C'est drôle, parce que j'étais triste et tourmenté. Mais je ne voulais pas me voir ainsi. Je me tenais debout, je ne laissais jamais rien paraître ; faire une transition et admettre que je n'étais pas bien, ce n'était pas mon genre…

Mais le 4 décembre, être trans m'est apparu comme une évidence, comme le nez au milieu du visage. On n'aime pas toujours son nez, mais il est bel et bien là. À moins qu'on s'appelle Voldemort, mais ça, c'est une autre histoire.

Il fallait que je fasse quelque chose, sinon… sinon cette tristesse et cette tourmente… elles allaient m'engloutir. Je ne sais pas si j'aurais fait une tentative de suicide. Je ne peux pas dire que je n'y ai jamais pensé. Au contraire. Mais, le 4 décembre 2012, j'ai réalisé que tenter de m'enlever la vie ne serait pas pire ou mieux que de rester là, à ne rien faire. Je n'étais même pas réellement en vie !

Je me suis inscrit au forum *D'un autre genre*. Fondé par un gars trans en 2007, il regroupe des centaines de personnes trans francophones (provenant majoritairement du Québec). On y discute des psychologues, des médecins, des chirurgies, des *coming out* et de tout ce qui est relié de près ou de loin à... l'humain. Je n'ai même pas cherché d'autres forums, je savais que j'avais trouvé ma place. Ce n'était pas un forum « de personnes trans » qui sont réduites seulement à leur corps, c'était un lieu de partage, surtout. De partage de trucs, d'anecdotes ; de rencontres aussi. Je me suis inscrit, si je me rappelle bien, sous le nom de Sowriter, un *nickname* que j'utilisais déjà lorsque je sortais avec Marc, huit ans plus tôt, quand nous jouions en ligne aux *Aventuriers du rail* et autres jeux du genre. Comme quoi je me suis toujours vu comme un écrivain...

Le soir même, j'ai envoyé un courriel à Kerstin, mon amie allemande :

« Je viens de m'inscrire à un forum pour les gens trans. »

C'est tout, rien de plus. Sa réponse :

« Je suis tellement contente pour toi. »

Ce fut tout, aussi. Et c'était bien suffisant. Je ne lui ai jamais demandé si elle savait avant que je l'accepte moi-même parce que ç'aurait été un peu idiot. Je ne cadrais pas du tout avec l'image qu'on se fait d'un homme trans… On pense « garçon manqué, *tomboy* » et c'est vrai pour la majorité des gars trans. Mais pas pour moi, alors m'attendre à ce que les gens devinent une émotion qu'il m'a fallu si longtemps pour comprendre ? Non.

J'ai terminé la session d'automne de mon doctorat avec mon ancienne apparence. J'étais alors très enrobée, je devais peser dans les deux cent dix livres. Je n'étais pas bien dans mon corps pour de multiples raisons, mais j'avais au moins le bonheur de savoir que certaines choses allaient bientôt changer. Dans mon cours, il y avait un garçon du nom de Marc-André. Au cours de la session, j'ai appris qu'il était gai. Comme toutes les autres fois, j'ai ressenti cette jalousie si difficile à décrire. J'aurais voulu être lui. Mais j'étais plutôt une grosse fille hétéro, et je me sentais retomber dans un puits de noirceur qui me faisait peur. J'avais de belles choses à célébrer, pourtant ! Un nouveau projet scolaire et un livre ! Mon rêve !

Rien n'y faisait. Et ce gars, Marc-André, il a peut-être été ce qui m'a fait sauter le pas. Je n'en sais rien, je ne crois pas être capable de mettre le doigt sur l'élément précis qui a fait que, un jour, je me suis inscrit à *D'un autre genre* et ai pris la décision de changer mon corps. C'est probablement parce que cet élément n'existe pas réellement. C'est une combinaison de choses, de moments, de sentiments. Jusqu'au point où on se dit : « C'est assez ! » Je voulais vivre, je voulais ne pas ressentir de jalousie envers quelqu'un pour ce qu'il était, je voulais pouvoir marcher dans la rue et sentir que je *marchais*. Parler et sentir que je *parlais. Pour de vrai.*

J'ai attendu la fin de la session pour envoyer un message à ma professeure, qui était aussi ma directrice de thèse. Nous allions passer entre cinq et sept ans ensemble, à travailler. Il fallait qu'elle soit au courant. Je n'en avais pas encore parlé à ma mère. J'ai un peu honte de l'admettre, mais je suis le genre de personne qui évite les sujets et les actions qui l'embarrassent, en espérant que tout disparaisse par soi-même. Et souvent, ça marche ! Je n'ignorais pas que cette discussion n'allait pas pouvoir être évitée, mais je n'avais pas vraiment envie d'y penser. Mon courriel commençait ainsi : « Je ne sais pas à quel point vous êtes à l'aise avec la transsexualité, mais… » Je lui ai simplement dit que j'allais faire une transition, sans donner trop de détails. Je ne savais pas exactement ce que je souhaitais faire durant ce moment qu'on appelle « la transition ». J'avais enfin compris que j'étais trans, je l'acceptais. C'était le début du cheminement, la suite restait à écrire. Ma directrice de thèse a été géniale. Sa réponse :

« Comment je t'appelle, maintenant ? »

C'est vrai, ça ? Quel était mon nom ? C'est une chose étrange que de pouvoir choisir son prénom… À notre naissance, personne ne nous demande notre avis et, plus tard, en nous inscrivant à des forums ou d'autres trucs en ligne du même acabit, on peut choisir comment on veut être nommé, mais ce n'est que temporaire. On peut changer de nom aussi souvent qu'on le veut, sans conséquence, selon nos envies, alors que là… Bien sûr, j'aurais pu choisir quelque chose et ensuite changer et changer encore… Tant que je n'avais pas fait de demande officielle de changement de nom (ce à quoi je n'étais pas encore prêt du tout!), j'aurais pu changer d'idée. Mais… Il faut être conscient des implications derrière tout ça. On ne change pas de nom que pour soi. En se prénommant autrement, on demande aux autres de respecter ce prénom, de modifier leur langage et de nous parler correctement. Il s'agit d'une transition pour eux aussi. Personnellement, je ne voulais pas choisir un prénom au hasard, puis en prendre un nouveau quelques mois plus tard et redemander à mes proches et à mes collègues de refaire cette transition qu'ils n'ont pas demandée. Bien sûr, on pourrait me dire que ce n'est pas mon problème et que le respect doit venir, peu importe l'effort déployé. Je suis d'accord, mais… je pense aussi qu'il ne faut pas oublier que nous ne vivons pas dans une bulle et garder en tête qu'il peut être difficile pour les autres de reprogrammer leurs esprits une fois, alors deux et puis trois… Il faut y penser sérieusement.

Le choix d'un prénom est vraiment subjectif et le processus, tellement personnel… Certains demandent à leurs parents et adoptent leur nouveau prénom ainsi (ma mère m'aurait appelé Michael, si j'étais né physiologiquement garçon. Or, j'ai un cousin qui s'appelle Mykaël, alors, on oublie ça…). Certains choisissent un prénom très éloigné de celui qu'ils avaient à la naissance, pour couper tout lien. J'aimais bien Jonathan – mais j'ai un autre cousin qui s'appelle ainsi. Sinon Gaël, mais je me trouvais un peu vieux pour ce prénom, plutôt populaire pour les enfants de l'âge de Tristan. J'avais manifestement oublié le très sexy Gael García Bernal, qui doit être de six ou sept ans mon aîné. J'aimais aussi James. Mais un prénom anglais avec le nom de famille Champagne, très français… pas très logique… D'autres optent pour un prénom qui est assez proche de celui qu'on leur a originellement donné. C'est ce que j'ai décidé de faire. Comme je signais S. Champagne depuis des années, rien ne changerait. J'ai cependant tracé une croix sur mon ancien prénom, et j'ai un douloureux pincement quand on le mentionne. C'est pourquoi je ne le dévoilerai pas ici. Ni ailleurs. Jamais. Donc… Sébastien? Impossible, un de mes cousins se prénomme ainsi. Oui, j'ai beaucoup de cousins.

Ma mère aimait bien Sacha. Toutefois, l'androgynéité du prénom causait un blocage chez moi (et ce fut peut-être aussi mon problème avec Gaël). Avec un corps toujours féminin et qui allait le rester pour un long moment encore – la transition est un marathon, pas une course, seuls les plus patients survivent sans blessure –, je ne voulais pas que les gens puissent douter de mon genre en apprenant mon prénom. Il suffit d'un détail pour faire pencher la balance. Un prénom indéniablement masculin lançait un message et indiquait de quelle manière je voulais qu'on s'adresse à moi. On fait une transition pour soi, certes, mais aussi pour les autres. Parfois, le paraître est aussi important que l'être.

Mon choix s'est arrêté sur Samuel. J'aimais le diminutif possible, j'aimais que les enfants puissent avoir un petit terme affectueux sur lequel se rabattre – Sammy – quand le « maman » n'allait plus être un choix en apparence très juste. Est-ce que j'ai bien choisi ? Je ne sais pas trop. Je pense encore à James ou à Sacha, mais ce qui est fait est fait. Ce fut la première grande décision de ma transition. Je suis content d'avoir statué sur le sujet si tôt. Parce que, quelques mois plus tard, les filles des Éditions de Mortagne, ayant remarqué le changement de nom dans mon courriel, m'ont demandé ce qui devait être inscrit sur la page couverture de *Recrue* (on avait rebaptisé le manuscrit que j'avais envoyé à la fin de ma maîtrise). Avoir été incertain de mon choix ou n'avoir pas encore décidé, j'aurais pu me retrouver avec un roman ayant mon prénom de naissance en évidence. J'ai un haut-le-cœur rien que d'y penser…

CE QUE JE CROYAIS QU'IL ME FALLAIT

Entre le moment où j'ai décidé qu'il fallait que je fasse quelque chose avec mon corps pour pouvoir continuer à survivre à l'intérieur et aujourd'hui, mes plans ont beaucoup changé. J'ai commencé avec une idée en tête, mais il ne m'a pas fallu longtemps avant de me rendre compte que mon image mentale et la réalité étaient en fait deux choses bien différentes.

Alors… janvier 2013. J'avais toujours un corps féminin, je ne m'étais pas encore acheté de *binder*, ce t-shirt compressif qui rend la poitrine presque plate, et je n'avais toujours pas coupé mes cheveux. J'étais encore une fille, pour les regards extérieurs, mais, à l'intérieur, tout avait changé. J'avais de l'espoir. Je me sentais heureux, sans réserve. Je me savais alors garçon, homme, et cet état de fait me procurait à la fois un sentiment de soulagement et d'exaltation. Fini les « elle » et les conjugaisons au féminin ! Fini le sentiment d'être à côté de la plaque.

Quand je pensais à mon avenir, je me voyais avec une poitrine plate, avec un torse masculin. C'est ce dont j'avais besoin. Et je croyais que ce serait suffisant. Je ne sais pas exactement comment j'ai pu penser que mon corps, avec ses courbes, pourrait donner à voir que je suis un homme aux yeux des gens et me permettre de me sentir en paix et à l'aise. Un torse ne changera pas grand-chose si tes hanches, ta voix, tes épaules, ta musculature, la naissance de tes cheveux, ton visage ne donnent pas d'indices supplémentaires, et si le miroir ne te renvoie pas une image qui t'apaise. Quand nous regardons quelqu'un sans être sûrs de son genre, nous nous raccrochons à certaines caractéristiques. J'ai appris à ne pas faire confiance à ces détails, mais la plupart des gens agissent ainsi, et il est difficile de leur reprocher de se servir de leurs yeux, n'est-ce pas ? Bref, je m'étais dit que j'allais me faire enlever les seins, que j'allais couper mes cheveux et que je verrais ensuite. J'avais manifestement passé trop de temps dans mon imaginaire pour comprendre le monde réel dans lequel j'allais plonger.

J'allais devenir une minorité. Bien que j'en sois déjà une par mon ethnie, elle était « invisible », et je n'avais jamais eu à vivre avec les aléas et les désavantages d'un tel statut. J'avais été intimidée et ridiculisée au secondaire à cause de mon poids ou de mes tournures de phrases employant des synonymes (parce que bien parler est un problème, apparemment). Mais je n'avais jamais été intimidée parce que j'étais une fille. Ou parce que j'étais hétéro… Le bonheur et le soulagement d'avoir enfin trouvé ma place et compris qui j'étais réellement m'ont fait oublier toutes les complexités de la situation et les côtés négatifs. Et dangereux. Je m'apprêtais à risquer ma vie, et je n'en avais pas conscience.

Selon les statistiques, les personnes trans sont six fois plus susceptibles de subir des violences physiques que les personnes cisgenres, celles dont l'identité de genre correspond à celle qu'on leur a assignée à la naissance ; 75 % des femmes trans ont déjà subi des violences physiques, psychologiques ou sexuelles. Les études rapportent aussi un pourcentage important de sans-abri, et 90 % des personnes trans ont subi de la discrimination sur leur lieu de travail. C'est énorme, quand on y pense. De plus, n'importe quelle chirurgie comporte son taux de mortalité et de complications. J'en ai subi six ! En plus des trois précédant ma transition. Pour exister, tout simplement. Penser que quiconque se mettrait dans cette situation volontairement, sans la conviction que c'est totalement essentiel, c'est comme croire que la terre est plate…

Sur le forum *D'un autre genre*, j'ai pu trouver toutes les informations nécessaires pour commencer ma transition et, plus précisément, pour subir une double mastectomie. J'ai pu facilement constater que je faisais les choses différemment de la majorité des autres gars.

Habituellement, les étapes sont les suivantes (le mot-clé étant ici « habituellement » !) :

- Hormones – dans ce cas-ci, la testostérone ;
- Mastectomie ;
- Hystérectomie ;
- Chirurgie génitale, si nécessaire.

Je n'écartais pas la possibilité de prendre de la testostérone, mais avoir une poitrine plate était ma priorité. Et, pour atteindre cet objectif, il y avait une liste de critères à respecter : il fallait obtenir deux lettres de psychologue ou sexologue indiquant qu'on souffrait de dysphorie de genre et qu'on était conscient des risques et des répercussions de notre décision, et un papier d'un médecin généraliste disant qu'on était en bonne santé. De plus, il était préférable d'avoir une lettre d'un endocrinologue, ce qui signifierait qu'on prenait des hormones. Ce n'était pas obligatoire en 2013, mais ce l'était quelques années auparavant, et il y avait toujours une certaine incertitude à l'égard du gouvernement, on se demandait s'il allait décider que ceux qui ne prenaient pas de testostérone n'étaient pas assez… sérieux dans leur démarche. Me voir refuser ma demande de chirurgie m'aurait fait extrêmement mal. Mais j'étais certain de ma décision et je ne voulais pas prendre de la testo tout de suite, peut-être jamais. Je n'en ressentais pas le besoin, je n'allais pas le faire, point final. Pour une fois dans ma vie, je voulais me respecter. Je me suis donc attelé à trouver les spécialistes nécessaires.

Avant de commencer tout ça… il fallait bien que j'en parle à ma famille. À ma mère, à tout le moins. J'ai repoussé le moment autant que possible. Je n'avais pas envie de faire l'effort mental et émotionnel de toucher aux trucs difficiles. Il ne faut pas se demander pourquoi j'ai eu besoin d'autant de temps avant de comprendre pleinement que je suis trans. Alors, j'ai attendu que ce soit le moment de me trouver un psychologue pour obtenir mes lettres avant de discuter de ma décision avec ma mère.

— Est-ce que Lily s'est fait enlever les seins? ai-je demandé, un soir.

Ma tante a eu un cancer et a dû subir une chirurgie. Elle va bien, maintenant.

— Non, juste une glande. Pourquoi?

— Comme ça…

Je ne savais pas trop comment aborder le sujet. Je me disais que ce n'était pas tellement de ses affaires, que j'avais passé des années à me poser des questions tout seul, que je n'avais pas besoin d'en parler. Et ma mère, quoique charitable et généreuse, est très différente de moi. Elle aurait envie d'en discuter en long et en large, d'avoir accès au pourquoi du comment et du quand…

— Et, à ton travail, c'est possible d'avoir des psychologues payés, tu penses?

Ma mère travaille pour une compagnie d'assurances et, comme j'étais encore étudiant et que je n'avais pas d'avantages sociaux liés à mon emploi comme maintenant, je voulais possiblement profiter de ses avantages, à elle.

— Non, pas de psys. Pourquoi ?

J'ai haussé les épaules.

— J'en aurais peut-être besoin.

— Pourquoi ? Tu veux changer de sexe ?

Je l'ai regardée, pensant qu'elle blaguait. Mais elle avait l'air sérieuse. Un peu distraite, même. Elle s'affairait dans la cuisine sans trop me prêter attention. La manière dont elle avait dit ça était si relax et nonchalante… D'où ça sortait ? Ce n'est pas comme si j'étais un stéréotype de qui les gens allaient pouvoir dire « je le savais ! » quand j'allais leur annoncer ma transition.

À cet instant, je ne savais pas quoi dire. Alors j'ai seulement dit oui. Je me suis préparé mentalement pour l'avalanche de questions qui allaient suivre… Rien. Elles sont venues plus tard, mais, sur le coup, j'ai été épargné. Et ça faisait bien mon affaire. On n'a jamais reparlé vraiment de ce moment, ni même de comment je me sens, *moi*. On a discuté des chirurgies, des problèmes administratifs…

J'ai décidé d'attendre avant d'en parler à Félix. Il avait neuf ans et demi et je ne voulais pas l'entretenir de choses qui n'allaient se produire que dans plusieurs mois. Même quelques semaines semblent une éternité à cet âge…

Mes souvenirs de cette époque sont un peu flous. Je voulais que tout se passe vite, j'avais déjà assez attendu. J'entends les histoires de personnes qui commencent leur transition aujourd'hui et qui n'ont pas conscience de la lenteur du processus dans lequel elles s'apprêtent à plonger. Il faut de l'endurance pour faire une transition. Beaucoup de patience. Et encore, maintenant, quand je tombe sur des gens qui se plaignent de la lenteur du système et de l'attente, j'ai un peu envie de rouler des yeux comme un ado. Il y a seulement trois ans, c'était trois fois plus long. Qu'auraient-ils fait, alors ? Pourtant, dans mes débuts, je ronchonnais aussi contre l'attente. Je comprends ce que c'est, de découvrir enfin la raison de son malaise et de voir la solution devant soi sans pouvoir la saisir. C'est frustrant.

Donc, mes souvenirs sont un peu brouillons parce que j'ai fait tout plein de petits trucs en simultané. Difficile de savoir ce qui est arrivé avant ou après. J'avais le nom d'une des plus grandes psychologues de Montréal, la docteure Françoise Susset, et je voulais la voir. Mais qui dit « grande psy » dit « peu de disponibilités ». Elle ne pouvait plus prendre d'autres patients réguliers pour le moment, mais a accepté d'être la psychologue qui me ferait ma seconde lettre nécessaire pour la chirurgie du torse. Restait à trouver le premier. Ce qui n'est pas si simple. Il faut comprendre que le risque de tomber sur un psy qui n'a aucune idée de comment interagir avec une personne trans est aussi grand que celui de tomber sur un cône orange sur l'île de Montréal : pratiquement assuré. Il faut donc connaître les détours. Et encore là, ce n'est pas gagné. Grâce au forum *D'un autre genre*, j'ai pu avoir accès à une liste de psychologues et de sexologues qui étaient habilités à écrire les lettres que la RAMQ acceptait. Les critères étaient beaucoup plus resserrés il y a quelques années. Je ne veux pas dire que, maintenant, quiconque le veut va obtenir une lettre, mais la plus grande visibilité des personnes trans fait en sorte que les spécialistes ont plus de connaissances et d'expérience, et le gouvernement le reconnaît. Ce n'est plus une minorité de psys qui sont les têtes d'affiche.

En faisant quelques appels, j'ai trouvé un psychologue qui a accepté de me voir dans un délai de deux semaines. Génial ! C'était le plus cher du lot, mais il avait des disponibilités, et j'étais pressé.

Sur le forum, j'avais lu quelques trucs un peu embêtants à son sujet, mais plusieurs expériences intéressantes avaient aussi été partagées. J'attendais donc le moment de mon rendez-vous avec impatience, très nerveux, mais aussi très excité. C'était le début de quelque chose d'officiel ! Comme plusieurs, je pensais qu'un avis professionnel allait légitimer mon existence. Comme si j'avais besoin que quelqu'un confirme que j'étais bien trans pour que les autres me respectent. Je n'avais pas encore compris que mon identité était déjà valide et que je méritais le respect, quoi qu'on en dise.

Il me semblait nécessaire, avant d'aller voir le psy, de faire certains changements radicaux en ce qui avait trait à mon apparence physique. Je ne pouvais pas aller le voir en ayant l'air d'une fille, franchement ! Encore là, je pensais que le respect de mon identité passait par mon apparence. Je voulais qu'il me croie, je voulais qu'il me comprenne et qu'il autorise cette chirurgie qui, je le réalise maintenant, m'était vitale. Je n'avais jamais apprécié ma poitrine, je n'avais jamais voulu qu'on la touche, je n'avais même jamais aimé me laver le torse. Le seul moment où je l'avais acceptée, c'est quand j'étais ultra mince et malade ; elle était minuscule, et ça faisait bien mon affaire. Bref, je me suis dit que mes mots devaient équivaloir à mes actions et que je devais lui montrer que j'étais prêt à obtenir cette lettre.

J'ai donc encore fait des recherches et j'ai trouvé le Centre 2010, à Montréal, qui donne des *binders* contre une contribution volontaire. J'étais anxieux quand je me suis présenté à ce centre situé tout près de l'Université McGill. Il y avait des affiches s'adressant aux personnes LGBTQ et ça m'a frappé : j'étais dans le LGBTQ, maintenant. Moi qui avais toujours envié les gars gais et qui aurais tellement aimé faire partie de cette communauté, j'y étais. J'y étais depuis le début, depuis ma naissance, mais je venais officiellement de mettre le pied dedans, enfin.

Une dame m'a accueilli en souriant.

— C'est à toi que j'ai parlé au téléphone, hein ? Tu viens pour le *binder* ?

J'ai fait oui de la tête. Elle m'a amené dans une minuscule salle adjacente à son bureau et elle a sorti le *binder* d'une pile. Il y en avait plusieurs, des blancs, des noirs, séparés par grandeur. J'ai pris un large et elle m'a laissé pour que je puisse l'essayer. Je pourrais écrire qu'il me faisait bien et passer à autre chose, mais, tant qu'à y être, autant être honnête. J'ai failli rester coincé. Ce truc est serré ! Pour aplatir la chair au point où on dirait qu'elle rentre à l'intérieur de toi, il faut que ce soit serré ! Et, pour qu'il ne se déforme pas après quelques utilisations seulement, il faut que le tissu soit solide. Alors, enfiler ce truc demande un effort olympique quand tu n'y es pas habitué. Moi qui ne suais presque jamais… J'avais des gouttes sur le front quand j'ai eu fini. Embarrassant. Mais bon… Une fois mis… Et d'un, la courbe au niveau de mon torse était presque nulle. J'ai passé la main dessus plusieurs fois. C'était irréel ! Après avoir repris mon souffle à la suite de mon exploit magistral, j'ai compris pourquoi les *binders* étaient vitaux pour plusieurs. Ils allaient le devenir pour moi. Il y a une marge entre s'imaginer avec un torse plat et le voir. Si je mettais un chandail, on ne pouvait pas dire que j'avais une poitrine. Rien du tout. Et de deux, comme il était long et couvrait mon ventre (il existe aussi des *binders* courts ressemblant à des soutiens-gorge de sport), il me faisait aussi un ventre plat. Je n'avais pas l'air mince, mais, debout, il n'y avait plus de protubérance. Excellent.

Deux aspects de mon existence allaient être améliorés à partir de ce moment.

Comment on sortait de ce truc, maintenant ?

Quand j'ai finalement ouvert la porte de la petite salle, tout dépeigné et avec des marques de pression sur les bras, là où le *binder* avait coincé lorsque je l'enlevais, j'étais extatique. Étape un : complétée ! J'ai tendu cinquante dollars à la dame.

— T'es sûr, m'a-t-elle demandé. Tu donnes ce que tu peux…

— C'est correct, ai-je répondu. C'est ce que ça coûte sur Internet. Et je sauve l'attente et le *shipping*.

Je n'avais pas tant d'argent à dépenser, mais, pour le service que ce centre venait de me rendre, ce n'était pas cher payé !

Ce jour-là, je rejoignais ma directrice de thèse, qui était venue voir son fils à Montréal. Je flottais un peu durant le trajet de métro et d'autobus jusqu'au petit restaurant où devait avoir lieu notre rencontre. J'avais mon *binder*, tout allait bien. Presque bien. J'avais encore les cheveux longs, et j'ai senti que ma directrice de thèse, malgré son acceptation sans équivoque de mon identité, était un peu incertaine quant à mon apparence. Les courbes, les cheveux, la voix et tous ces petits détails qui font qu'on a l'air, ou pas, d'une femme. C'est peut-être à ce moment que je me suis dit que la chirurgie du torse ne serait probablement pas suffisante pour que je me sente à l'aise dans mon propre corps, que j'aurais besoin des hormones aussi.

C'était le début d'une réflexion qui allait prendre encore quelques mois à germer. À cet instant, je ne voulais pas de testostérone.

La semaine avant mon rendez-vous, je suis allé me faire couper les cheveux. Je me suis présenté dans un salon régulier ; je ne me sentais pas à l'aise d'aller chez un barbier. Je n'y suis encore d'ailleurs jamais allé. Vous auriez dû voir la tête de la coiffeuse quand je lui ai dit de raser mes cheveux.

— On pourrait les donner pour faire des perruques.

Ç'a semblé l'apaiser pendant une seconde. Elle a touché mes cheveux et elle a descendu jusqu'aux pointes, qui se trouvaient un peu sous mes épaules.

— Impossible, ils ont été teints.

Ouais, il y avait cinq ans… Déception. J'aurais au moins voulu que cette longue crinière serve à quelqu'un. Elle m'a rasé les côtés de la tête et m'a laissé une frange sur le devant.

— Ça te fait bien, a dit la coiffeuse, manifestement surprise.

Photo prise en février 2013,
au début de ma transition.

C'était vrai. Je me regardais et je ne regrettais pas une seconde ma décision. C'était vraiment différent, mais agréable de me voir ainsi, un tout petit peu plus masculin. Un tout petit peu.

Je me suis donc présenté chez ce psychologue avec pour seule demande une lettre pour une chirurgie. Le bureau, dans sa maison privée, était accueillant. J'étais seul à attendre. C'était un homme jovial, souriant. Tout pour me mettre en confiance. Il m'a tout d'abord demandé de confirmer mon nom et comment je voulais qu'il s'adresse à moi.

— Samuel, et les pronoms masculins, c'est parfait.

— Pas de problème.

Il en avait manifestement vu d'autres. Il avait l'air très à l'aise et, j'avoue, ça m'a mis à l'aise aussi. C'était la première fois que je voyais un psychologue. Même si je comprends le but du suivi psychologique et sa nécessité, ce genre de rencontre n'entrait pas dans la liste des trucs que je voulais faire avant ma mort… Je n'avais pas envie d'expliquer en long et en large comment je me sentais. C'était l'équivalent de revivre tous ces doutes et cette douleur.

Malgré son air sympathique et le bon début de notre rencontre, durant laquelle je lui ai dit ce que je souhaitais, à qui j'avais parlé de mon identité, j'ai vite senti que quelque chose n'allait pas. Je n'aurais pas pu dire exactement quoi, surtout que je n'avais aucun référent… mais quelque chose dans son regard ou son attitude m'a mis sur la défensive. Il m'a posé des questions sur la publication de mon premier livre, *Recrue*, qui était encore en correction à ce moment-là. J'avais envie de parler de mon livre, c'est certain, c'était un super projet! Mais je n'étais pas là pour ça… Surtout qu'on n'avait qu'une heure…

— Et combien de temps ça t'a pris, écrire ça?

J'ai répondu rapidement, évasivement. Peut-être était-ce seulement pour que nous créions un lien, mais je voulais m'attarder sur son évaluation psychologique, et non sur des détails. J'étais peut-être trop intense, qui sait…

Nous avons eu un deuxième rendez-vous quelques semaines plus tard. C'était déjà la mi-février et je devais voir Françoise Susset pour une seconde évaluation à la fin du mois de mars. La rencontre a débuté comme la fois précédente, avec des questions générales sur comment je me sentais, quels changements j'avais vécus depuis la dernière fois… Puis, vers le milieu de la rencontre, je lui ai demandé si j'allais pouvoir avoir une lettre de lui bientôt. Il m'a regardé pendant un moment avant de dire :

— Pas avant six mois…

Pardon ? Habituellement, après quelques rencontres, il est possible d'avoir cette fameuse lettre ! Pourquoi six mois ? Mais je savais pourquoi… Il y a plusieurs années (environ huit ans, si je ne me trompe pas), il existait cette règle implicite selon laquelle il fallait avoir eu six mois de suivi pour obtenir une lettre. Mais ce n'était plus d'actualité. De même que les femmes trans n'avaient plus à attendre un an de « vie réelle » pour commencer les démarches. Et ce psychologue le savait. Ce n'était pas un changement si récent…

— C'est le protocole qui veut ça, a-t-il affirmé.

— Ce n'est plus le cas depuis longtemps, ai-je répondu, le plus doucement possible. La RAMQ et le bureau de la docteure Bélanger ne l'exigent pas non plus.

Docteure Bélanger est celle qui effectue la majorité des mastectomies pour les gars trans ; elle pratique, avec le docteur Brassard, au GRS, le Gender Reassignment Surgery Center, à Montréal.

— Ah oui ? s'est-il étonné.

C'est là que j'ai su que ma drôle d'impression de la dernière fois était fondée. J'avais lu les expériences que plusieurs autres personnes trans avaient eues avec ce psy et, bien que la plupart aient été positives, certaines faisaient état d'une tendance à étirer les choses sans justification. J'avais d'ailleurs pu discuter, pas plus tard que quelques jours auparavant, avec une femme trans qui avait eu *la même* conversation que nous étions en train d'avoir, au mois de novembre de l'année précédente. Il lui avait dit que le protocole l'exigeait. Elle lui avait rétorqué que non, lui avait apporté les nouveaux protocoles (qui étaient déjà vieux de deux ans) et lui avait demandé de justifier l'attente qu'il voulait lui faire subir avant d'autoriser sa chirurgie. Il avait finalement admis que ce n'était plus nécessaire et lui avait fait sa lettre.

— On peut se voir une fois par mois, pendant six mois, m'a proposé le psychologue. Ou peut-être deux fois… T'auras tes six mois et je te ferai ta lettre.

— Même si les six mois ne sont plus nécessaires ?

— Je ne suis pas convaincu de ça.

J'avais le sentiment que ce psychologue était vraiment hypocrite. Il avait parfaitement le droit d'exiger six mois de suivi, ce n'était pas le problème. Le problème, c'est que, et d'un, il ne l'a pas annoncé d'emblée quand j'ai dit vouloir cette lettre pour me faire opérer rapidement, et de deux, il a prétendu ignorer quelque chose alors qu'il était au courant.

Je suis sorti de là totalement dépité et, j'avoue, au bord des larmes. Alors, ce qu'il voulait, c'était ça :

• attente de six mois pour avoir la lettre ;

• attente d'en moyenne deux autres mois pour avoir une seconde lettre ;

• attente de trois mois pour un rendez-vous préopératoire au GRS ;

• attente de trois mois pour la réponse de la RAMQ ;

• attente de quatre mois pour me faire opérer.

Total : dix-huit mois d'attente*. Nous étions en février 2013. Donc… chirurgie en août 2014… Le GRS fonctionne selon un système privé, séparé du système de santé public, les délais sont donc moins longs, mais malgré cela… cette échéance de six mois me semblait exagérée. Pourquoi attendre si longtemps ? Le psychologue n'a pas su me donner de raison. J'ai eu l'impression qu'il profitait des suivis psychologiques obligatoires. Mais il n'était pas le seul, comme j'allais bientôt le découvrir.

---

* Heureusement, les délais ont changé depuis, le système s'est adapté et les procédures sont plus rapides. Depuis tout récemment, il ne faut obtenir qu'une seule lettre d'un spécialiste, ce qui allège le fardeau financier et réduit le temps d'attente.

Après cette seconde rencontre, j'ai décidé de trouver quelqu'un d'autre. Même si je devais patienter plusieurs mois, je ne voulais pas continuer avec quelqu'un qui avait brisé le lien de confiance qui aurait pu s'établir. J'ai parcouru la liste des psychologues et sexologues de la région, et lu les recommandations de ceux qui les avaient vus.

J'ai fait quelques téléphones. Plusieurs psys ne prenaient pas de nouveaux patients. Je me suis donc intéressé aux intervenants à l'extérieur de la région. Et j'ai trouvé. J'ai envoyé un courriel à une psychologue de Gatineau, à deux heures de route de chez moi, et elle a accepté de me rencontrer rapidement. Même avec le coût du billet d'autobus et le temps nécessaire pour le déplacement, j'étais plus enthousiasmé à l'idée de la rencontrer que de retourner voir le premier psychologue…

Je n'ai pas été déçu. Dès le départ, il a été clair que, étant donné ma situation et les gestes que j'avais déjà posés, deux ou trois rencontres seraient nécessaires pour bien discuter de mon parcours et écarter toute autre problématique potentielle. Ses questions, au départ, étaient très similaires à celles de l'autre psychologue : « Comment te sens-tu, quand as-tu senti que tu étais différent, que veux-tu ? » Mais elle privilégiait ma transidentité et mes émotions plutôt que de s'étendre sur d'autres sujets qui n'avaient aucun lien avec la raison de ma présence dans ce bureau. Je l'ai beaucoup appréciée. Elle était sérieuse, mais sympathique, concentrée, mais détendue aussi. On a couvert le même terrain durant la première rencontre qu'en deux rendez-vous avec l'autre…

Avant mon deuxième rendez-vous, nous en sommes venus à une entente : j'allais avoir un rendez-vous plus long, pour m'éviter de devoir revenir de Montréal une troisième fois. Elle savait que je devais voir Susset quelques semaines plus tard et elles se connaissaient. Donc, elle avait confiance que je serais en bonnes mains pour ma seconde évaluation. J'ai été grandement reconnaissant de son geste : elle était manifestement au courant que la transition coûte cher et que le temps gagné est important psychologiquement.

J'étais donc prêt à aller voir Françoise Susset à la fin du mois de mars. Ma lettre avait été postée, j'allais la recevoir bientôt. Une étape administrative de faite. Il m'en restait deux avant de pouvoir penser à aller ouvrir mon dossier. J'ai vu la docteure Susset deux fois. Immédiatement, j'ai compris pourquoi elle était la préférée de tous ceux qui avaient eu la chance de croiser son chemin. En plus d'être calme et détendue, elle posait les bonnes questions. Des questions que je ne m'étais pas nécessairement posées, ou, du moins, pas exactement comme ça. Elle m'a fait comprendre que j'avais raison d'être incertain quant à la testostérone et que j'avais le droit de peut-être changer d'avis.

— Mais tous les autres gars semblent en vouloir. En tout cas, presque tous. Et j'ai parfois l'impression de ne pas être vraiment un vrai…

— Un vrai quoi ?

— Trans.

Elle a souri. On a discuté de ce qui faisait d'une personne ou pas une vraie « quoi que ce soit ». Des cases et des obligations amenées par la majorité. Des envies de se conformer, *versus* ce qu'on sait être les bonnes choses pour soi-même. Elle m'a fait comprendre, en me forçant à trouver des réponses par moi-même, que mon parcours ne regardait que moi, que je n'avais de comptes à rendre qu'à ceux qui autorisaient les chirurgies et que, s'ils étaient bien formés et conscients de la diversité intrinsèque des individus, tout irait bien. Que j'avais le droit de me poser des questions. Il y avait toutefois un truc sur lequel je ne me posais pas de question, et c'était la chirurgie du torse. Et c'est ce qui était crucial pour elle. Après deux rencontres, elle a accepté de me rédiger une lettre.

Alors, j'y étais, fin avril 2013, avec mes deux lettres en main. Il ne me manquait que le papier d'un médecin généraliste. Ou d'un médecin de famille. Mais on sait que cette créature est aussi rare qu'une licorne qui envoie des confettis, alors… Je suis allé au sans rendez-vous. Expérience intéressante… Ç'aurait pu être traumatisant et même dangereux pour certains, mais je n'y suis pas allé en me disant que je risquais quelque chose. Je voulais ce papier et j'allais l'avoir. Si ce docteur refusait de me le donner, un autre le ferait. Ça ne l'engageait à rien du tout; il devait seulement vérifier mes signes vitaux et confirmer ma bonne santé apparente. Le médecin qui allait m'opérer allait ensuite faire ses propres tests. Je n'ai d'ailleurs honnêtement jamais compris la nécessité de ce petit papier.

— Pouvez-vous me dire pourquoi vous avez besoin d'un rendez-vous ou c'est privé ? m'a demandé la dame en inscrivant mon nom sur la liste.

Je n'allais pas lui déballer ma vie ! Et je n'allais sûrement pas risquer qu'elle me dise que le docteur voulait voir des patients malades et que je ne l'étais pas.

— Privé, merci.

Elle m'a lancé un drôle de regard. J'ai presque pu voir le mot « potin » s'inscrire dans ses yeux. Qui était cette personne aux cheveux courts et à la poitrine plate, mais aux courbes, à la voix et au visage féminins qui était devant elle ? Dans ma tête, j'envoyais des signaux mixtes : gars ou fille ? En réalité, je n'envoyais aucun signal du tout ! Fille, c'était évident.

J'ai eu la chance d'avoir un rendez-vous une heure plus tard. Je suis resté assis dans la salle d'attente, à me demander si ce doc allait vouloir me signer un papier.

C'était un homme d'une quarantaine d'années, tout au plus, assez mignon, d'ailleurs. Il a eu l'air très surpris par la raison derrière ma demande. Il n'a pas dû recevoir de telles explications très souvent dans la petite ville de La Prairie. Il a acquiescé et il a dit :

— Si c'est ce dont vous avez besoin, madame Champagne, ce sera ça.

Le « madame » m'a fait l'impression d'une petite claque au visage, mais… plutôt que de crier au manque de respect, j'ai essayé de voir le côté positif de tout ça : j'allais avoir mon papier, et ce médecin méritait que je me souvienne de son nom. Même pour une future amygdalite (cette maladie et moi sommes bons amis…), j'allais revenir le voir. Parce que, bien qu'il fût manifestement peu au fait de la façon de s'adresser à une personne trans, son ouverture d'esprit était importante. J'allais découvrir avec le temps que, même si les gens font des erreurs, ils restent des alliés, et la patience corrige ces erreurs. En soulignant sans arrêt les problèmes, on oublie parfois le positif et on ne donne pas nécessairement envie aux gens de faire plus d'efforts si, justement, on ne les reconnaît pas. Alors, ce docteur, avec sa maladresse, m'a tout de même montré que j'avais un allié. Je sentais que ce ne serait pas toujours le cas.

Le 25 avril, j'étais donc en route vers le nord de Montréal pour aller porter mon dossier au GRS. Trois autobus et treize stations de métro plus tard, j'ai franchi les portes du bureau, situé dans un établissement qui ressemblait davantage à un *bed and breakfast* qu'à un hôpital. J'ai appris plus tard que les chirurgies se faisaient à côté, dans une bâtisse blanche à deux étages qui n'avait pas non plus l'air d'un endroit où on coupait la peau des gens…

J'ai donc déposé mes papiers au bureau de la secrétaire et elle m'a fait remplir un questionnaire médical de plusieurs pages. Ce qui rendait, à mon sens, le papier du généraliste encore plus inutile…

— J'ai eu une annulation, justement. Le 17 mai, ça t'irait ?

Dans trois semaines ? Alors que les dernières personnes que je connaissais à être venues porter leurs documents avaient dû patienter deux mois ? Coup de chance !

J'ai tergiversé tout ce temps et j'ai pris une décision. J'allais demander à suivre un traitement hormonal. Ce choix m'est apparu comme une évidence un jour, au début de mai, alors que, au téléphone, au magasin de jouets dans lequel je travaillais, un fournisseur, par mesure de politesse, n'arrêtait pas de me dire « madame, mademoiselle ». J'avais envie de lui crier dans les oreilles. Et puis, alors que j'étais en train de replacer des éléments derrière une étagère qui me cachait jusqu'au haut du torse, une famille est entrée. Je n'ai pas eu le temps de bouger que la dame a dit à son mari :

— Va demander à la vendeuse s'ils l'ont.

Elle ne voyait que ma tête et mes épaules. Et je n'avais même pas parlé ! Elle m'a tout de suite catégorisé comme femme. Elle n'avait pas vu mes courbes, elle n'avait pas entendu ma voix, elle n'avait pas vu mes manières, rien… Mon visage et la largeur de mes épaules lui avaient donné assez d'indices pour affirmer qu'en apparence, j'étais une femme. Et ça m'a fait mal. Vraiment, vraiment mal. J'ai passé les jours d'après à entendre des « madame » partout, sans arrêt. Et j'ai vu mon futur. Je savais qui j'étais. Après tout ce temps à me chercher, je *savais*. Mais, à moins que j'explique sans cesse à tous ceux que je croisais dans la rue, avec qui j'avais des interactions, même très brèves, que j'étais trans, on allait toujours me lancer des « madame » au visage. Et encore ! Même avec les explications, rien n'était garanti. Le médecin du sans rendez-vous en était la preuve. La seule personne qui m'était étrangère et qui ne s'était pas trompée était la secrétaire du GRS.

J'ai détesté ce sentiment d'être prisonnier. D'être invisible. Je devais me rendre visible. Certains diront que ce n'est pas à nous de nous rendre visibles, mais aux autres d'arrêter d'être aveugles. C'est un argument qui se tient, surtout quand on affirme qu'on doit respecter l'identité de tous, quelle qu'elle soit. Mais ce n'était pas comme ça que je voyais les choses, à l'époque. Ce n'est pas tout à fait comme ça que je les vois aujourd'hui non plus, je dois l'avouer. Pour moi, cette invisibilité était douloureuse. Je n'avais pas envie d'expliquer, je n'avais pas envie de déclarer ma transidentité sans arrêt pour qu'on utilise les bons pronoms. J'avais envie de me regarder et de voir la même chose que l'inconnu dans la rue. Ce qui n'était pas le cas. J'avais beau me dire que je me foutais de l'opinion des autres, que c'est mon identité qui comptait… mon identité demandait plus. Je me fiche toujours pas mal de ce que les gens pensent de ma trans-identité, mais je ne voudrais pas qu'ils me perçoivent comme quelqu'un que je ne suis pas. Le seul moyen pour que ça n'arrive pas, c'était de prendre des hormones.

Alors, j'ai envoyé un courriel à Françoise Susset pour lui demander s'il était possible qu'elle me prépare une lettre pour que je puisse commencer à prendre de la testostérone.

« Pour une question d'éthique, et parce que nous n'en avons pas vraiment discuté les deux autres fois, je dois te revoir une fois au moins, avant de te faire une lettre. »

Ç'a été sa réponse. Je n'ai pas été déçu. Pour deux raisons. Et d'un, parce que c'est bien logique qu'elle veuille discuter, puisque je lui avais clairement dit, il n'y avait pas un mois de ça, que, pour le moment, ce n'était pas pour moi. Et de deux, parce que j'aimais bien pouvoir en parler avec quelqu'un qui comprenait. Je m'étais fait plusieurs amis trans, mais nous n'en étions pas encore au point de nous voir très souvent. Ça allait venir, mais, en mai 2013, mes liens avec les autres personnes trans de la région étaient majoritairement virtuels.

J'ai pu avoir un rendez-vous à la fin du mois de mai.

— Si ton rendez-vous avec l'endocrinologue est trop rapproché, je te ferai ta lettre le jour même, si tout va bien, m'avait-elle dit.

Alors, je me suis mis en chasse pour trouver un endocrinologue qui allait me fournir une ordonnance et me suivre pour les années à venir. Jusqu'à ma mort. Ou la sienne.

Maintenant, il existe un petit nombre de médecins reconnus par la communauté pour être ouverts d'esprit et familiarisés avec les traitements de testostérone et d'œstrogène (pour les femmes trans), mais, il y a quatre ans, les seules options dont on entendait parler consistaient en un docteur pour la région de Montréal et un autre pour Québec. Quand j'ai appelé début mai, j'ai obtenu un rendez-vous le 3 juillet, à Montréal.

Quand on veut quelque chose vraiment fort, on va le chercher. Et la patience n'a jamais été une de mes qualités, pas quand il y a d'autres solutions. Alors, j'ai appelé le docteur de Québec : j'avais rendez-vous le 3 juin. Mais, avant ça… j'avais mon rendez-vous préopératoire au GRS et je devais retourner voir le médecin du sans rendez-vous pour obtenir une ordonnance pour des prises de sang. L'endocrinologue aurait pu me fournir une telle ordonnance, mais… si j'attendais le 3 juin, j'allais devoir aller passer les prises de sang, puis reprendre un rendez-vous pour avoir mon ordonnance d'hormones. En effectuant les prises de sang avant le premier rendez-vous, j'avais de meilleures chances d'obtenir mon autorisation immédiatement. Il faut savoir être débrouillard…

Je commençais à voir que le parcours serait difficile et complexe, qu'il faudrait penser à tout plein de petits trucs imbriqués les uns dans les autres… Si on en oublie un, on retarde ou on annule le reste. Si on ne voit pas les différentes manières de faire des choses, on risque de se retrouver aux prises avec des délais qu'on aurait pu éviter. Je lisais dernièrement sur les réseaux sociaux le découragement d'un gars qui disait attendre depuis six mois pour un médecin de famille afin d'avoir sa recommandation. Alors qu'une visite au sans rendez-vous réglerait le problème en quelques jours. La débrouillardise et le refus de voir les barrières comme des obstacles insurmontables sont de grands avantages au moment de la transition. Dans toutes les sphères de la vie, en fait. Avoir eu des enfants jeune m'a fait comprendre cela, et ma transition m'a forcé à réfléchir encore et encore à la manière de me rendre la vie plus facile en naviguant dans les méandres du système.

Je suis donc retourné au sans rendez-vous.

— Le docteur X ne travaille pas aujourd'hui, m'a dit la femme de l'accueil. Sois tu reviens demain, soit tu vois le docteur Y.

Fort de mon expérience positive avec le précédent médecin, je me suis dit « pourquoi pas ». J'avais quand même attendu presque une heure pour une place ce jour-là, alors…

Dès que j'ai vu le médecin, j'ai su que les choses ne se passeraient pas aussi bien, cette fois. Il m'a détaillé de bas en haut et de haut en bas. Longuement. Si longuement que j'en étais mal à l'aise. Pourtant, à mon grand malheur, mon corps n'était pas androgyne ; il était difficile pour les gens de me considérer comme un homme au premier regard. Je n'ai jamais su ce qui avait perturbé à ce point ce médecin.

— Qu'est-ce qui ne va pas ? m'a-t-il demandé.

— J'ai seulement besoin d'une référence pour des prélèvements sanguins.

J'ai glissé la liste vers lui. Elle comprenait : les hormones sexuelles, testostérone, œstrogène, glucose, formule sanguine complète.

— Pourquoi tu as besoin de ça ?

— Je vais voir un endocrinologue et il a besoin de ces résultats pour décider de ma médication.

— Pourquoi il ne t'a pas donné d'ordonnance, alors ?

— Mon premier rendez-vous est le mois prochain, c'est pour gagner du temps. C'est lui qui m'a dicté la liste.

C'était un mensonge. Je l'avais prise sur le forum *D'un autre genre*. Plusieurs gars trans l'avaient partagée. Mais je n'allais pas lui dire ça. C'était un homme assez âgé, à la mine dure, et il n'avait pas cessé de me dévisager depuis le début. Son ton était sec et, quand quelqu'un me manque de respect, je réplique souvent avec du sarcasme… Mais ce n'était manifestement pas le moment. Alors, j'ai été gentil. Promis.

— C'est pour quoi, tout ça ?

J'ai eu envie de ne pas répondre. J'avais un peu peur que, si je lui disais que j'étais trans, son incertitude se transforme en « non » catégorique. Mais avais-je le choix ?

— Pour un changement de genre. J'ai besoin de testostérone.

Silence. Long, long silence. Nouveau froncement de sourcils. Il a soupiré et a secoué la tête, comme si je l'ennuyais. Si on ne manquait pas cruellement de médecins au Québec, j'oserais dire que c'en est un qui serait bien avisé de prendre sa retraite. Travailler avec des humains n'était de toute évidence pas sa tasse de thé.

— C'est ton médecin de famille qui doit te prescrire les prises de sang, alors.

Le sarcasme était proche… Est-ce que je pouvais répliquer : « Voulez-vous être mon médecin de famille ? » ou « Pourquoi est-ce que j'ai attendu deux heures ? Je devais avoir du temps libre, moi, entre l'école, mon emploi et mes deux enfants ! » ou encore « Je suis idiot, j'aurais dû aller voir mon médecin à moi. Oh, je suis coquin ! » Mais je n'ai rien dit, évidemment.

— Je n'en ai pas, c'est pour ça que je suis là.

J'ai joué la carte pragmatique.

— Votre collègue n'a eu aucun problème à me fournir une référence, il y a quelques semaines. Ç'a pris deux secondes et un chirurgien étudie présentement mon dossier ailleurs. C'était super simple.

Il m'a dévisagé. Encore. Nouveau soupir.

Il a rempli la feuille de prélèvements. Je jubilais, assis sur ma chaise.

— T'écriras le nom de ton médecin en haut. Je veux pas me ramasser avec plein de papiers inutiles…

Oui, Grincheux, pas de problème…

Je l'ai remercié en sortant de son bureau. Ce n'est qu'à l'extérieur que j'ai regardé la feuille. J'ai presque éclaté de rire. Il avait écrit, en grosses lettres, en haut: « JE NE SUIS PAS LE MÉDECIN DE CETTE PATIENTE. »

Soupir… D'un côté, un médecin très gentil et ouvert, prêt à faire ce pour quoi il a prêté le serment d'Hippocrate. D'un autre côté, un médecin qui était tellement récalcitrant que c'en était risible. Pourtant, ce que j'avais demandé était extrêmement courant; je l'avais lu des dizaines de fois. Je ne saurai jamais si son attitude était liée à la raison de ma demande ou s'il s'agissait de son comportement habituel. Mais bon, il pouvait continuer à ronchonner tant qu'il le souhaitait, j'allais avoir mes prises de sang !

Je suis allé me les faire faire le jour même. Il ne me restait plus qu'à attendre mon rendez-vous au GRS, le 17 mai 2013.

En chemin vers le GRS, dans l'autobus, jouait une chanson de Xavier Caféïne que j'aime vraiment : *Lettre d'amour*. Cette chanson m'a trotté dans la tête dans la salle d'attente. Le *beat* joyeux m'a probablement beaucoup calmé. J'ai vu la docteure Bélanger, une grande femme d'apparence assez stoïque, sortir de son bureau et appeler la femme en face de moi.

Quelques minutes plus tard, elle est ressortie et ce fut mon tour. Elle m'a adressé un sourire de convenance. Dans le bureau, il y avait un jeune homme asiatique, assis dans un coin.

— Un étudiant. Si ça t'embête, il peut sortir.

— Non, non, pas de problème.

Je savais ce qui allait se passer : elle allait regarder ma poitrine pour voir quelle option chirurgicale elle pouvait m'offrir. Deux types de chirurgies sont pratiquées au GRS : la périaréolaire, où on coupe près des mamelons et on aspire le gras, comme lors d'une liposuccion, et la double incision, où on retire une grande part de peau et on replace les mamelons. Je savais que j'aurais la seconde option, et de grosses cicatrices. Après que j'ai eu deux enfants, gagné et perdu du poids de nombreuses fois, la peau de ma poitrine n'était pas dans le meilleur état possible.

Le bureau de la docteure Bélanger était divisé en deux parties : un côté bureau avec des chaises, et un côté avec une table d'examen. Quand nous sommes passés de l'autre côté, mon cœur battait la chamade. L'étudiant est resté dans un coin, silencieux, mais souriant si nos regards se croisaient. Sa présence ne m'a pas dérangé. Pourtant, j'aurais dû être gêné, non ? Il allait voir un truc (deux trucs, en fait !) qui m'embarrassait au plus haut point… J'ai eu besoin de quelques mois pour réaliser pourquoi le fait qu'il soit là m'a presque apaisé. Parce qu'il était le suivant. La prochaine génération. Des gens de partout au Québec (et même d'ailleurs dans le monde) viennent au GRS de Montréal pour se faire opérer. Des gens d'Ontario, d'Halifax, de France… partout… Un de mes amis a fait Sept-Îles–Montréal une dizaine de fois pour rencontrer les docteurs Bélanger et Brassard. Pourquoi ? Parce que ce sont les seuls, au Québec, à pouvoir nous aider. Que va-t-il se passer quand ils vont prendre leur retraite ? Qui sera là pour nous ? Peut-être que ce sera lui, cet étudiant tranquille. Il faudra bien que d'autres puissent nous sauver la vie…

Je me suis dénudé le torse. J'ai ensuite rappelé le médecin de mon côté du bureau. Je devais avoir l'air un peu nerveux, caché par mon chandail, parce que la docteure Bélanger a mis sa main sur mon épaule et a dit :

— Ce sera pas long, OK?

Elle est devenue très humaine, tout à coup. J'avais lu des commentaires d'autres gars disant qu'elle était un peu froide, rapide, et j'appréhendais notre rencontre. J'ai compris qu'elle était seulement concentrée, mais qu'elle était présente pour nous et qu'elle avait une grande empathie. Elle n'est pas là pour jouer les nounous ni pour faire les recherches à notre place. Si on arrive dans son bureau avec nos informations en tête et des questions pertinentes, elle va se faire un plaisir d'y répondre.

Elle a pris une photo de mon torse et m'a informé que je pouvais me rhabiller. Quand je me suis assis sur la chaise devant le bureau, elle a un peu souri:

— Tu sais ce que je vais te suggérer, pas vrai?

Je le savais: double incision. Je n'ai pas été déçu, je m'étais préparé et j'étais conscient que c'était ce qui serait le plus avantageux pour moi.

— Tu es limite en ce qui a trait à la grosseur pour avoir la périaréolaire, mais je m'inquiète pour l'élasticité de ta peau.

Ouais, moi aussi. Je n'avais pas envie de me retrouver avec une peau pendante au niveau des pectoraux parce qu'elle n'avait pas repris sa forme… Alors, ç'a été décidé: double incision ce serait. Je me fichais pas mal des cicatrices, je voulais juste que ces deux boulets disparaissent !

En sortant du bureau, je suis allé payer les frais d'ouverture de dossier de cinquante dollars.

— Quand allez-vous avoir une réponse ? ai-je demandé.

— Il faut envoyer le tout à la RAMQ, m'a informé la secrétaire. On envoie les dossiers en groupe, plutôt qu'un par un. Si tu es au début d'un groupe, ça peut être plus long. Si tu es à la fin, c'est très rapide. Je ne sais pas où l'autre secrétaire est rendue dans ses envois. La moyenne est d'environ deux mois présentement.

Deux mois… Super. C'était long, mais pas aussi long qu'il y avait quelques années. Sur le forum, je côtoyais plusieurs gars qui avaient commencé leur transition voilà trois, quatre ou cinq ans, et il fut un temps où il fallait attendre six mois et plus pour une réponse…

Deux semaines plus tard, j'avais mon rendez-vous avec Françoise Susset, puis celui avec l'endocrinologue de Québec. J'ai demandé à ma cousine Mary-Ève de m'accompagner. Six heures de route dans la même journée… Je n'avais pas envie de les faire seul.

Le bureau se trouvait dans le CHU de l'Université Laval. J'avais le premier rendez-vous de l'après-midi. Nous sommes arrivés une dizaine de minutes avant treize heures. À peine quelques secondes après nous être assis, la secrétaire a appelé mon nom. Ma cousine est restée dans la salle d'attente presque vide. Le bureau se trouvait au bout d'un petit couloir. J'étais extrêmement nerveux. J'ai marché lentement vers le bureau. Le docteur pourrait décider de me faire passer d'autres prises de sang, il pourrait me dire que je n'étais pas assez en santé... Tout ce chemin et ces espoirs déçus... Une grande part de ma nervosité venait de la possibilité que je n'aie pas mon ordonnance. Je ne sais pas ce que j'aurais fait si ç'avait été le cas.

Heureusement, le docteur s'est comporté comme prévu; il a fait exactement ce que d'autres avaient rapporté sur les blogues et le forum: avec mes prises de sang et la lettre de Françoise Susset, en plus des copies des lettres que j'avais remises au GRS, il m'a fait mon ordonnance sans rechigner. Il m'a tout de même posé des questions au préalable sur mes attentes et m'a expliqué ce qui allait changer chez moi avec la prise de testostérone. Je savais tout ça, mais j'ai pris ses petits documents sans un mot et l'ai remercié chaleureusement.

LE PREMIER ÉTÉ

Ouf… J'ai relu le dernier chapitre et je suis un peu essoufflé. Tout ça m'a fait réaliser à quel point j'avais couru pour commencer ma transition. On dirait que j'étais convaincu que plus vite je franchissais les étapes, plus vite j'allais pouvoir être enfin en paix avec moi-même et heureux dans ma peau. Ce qui était un peu vrai, au fond. Seulement, chaque étape comptait des sous-étapes, et chaque sous-étape était un petit défi en soi.

Mais ce n'était pas une course, c'était ma vie qui se dessinait rapidement. J'avais mis la machine en marche et j'étais prêt à avancer. Entre les mois de décembre, où j'ai pris la décision de faire ma transition, et de juin, il s'est passé beaucoup de choses. Je n'ai jamais rien regretté. Rien du tout. Il y a cette plénitude qui nous envahit quand on sait qu'une décision est la bonne. Depuis décembre 2012, chaque décision que j'ai prise concernant ma transition m'a apporté cette plénitude. J'ai mis du temps à me connaître vraiment et, quand j'ai décidé de ma voie, je l'ai empruntée en toute connaissance de cause.

Commençait alors le premier été. Depuis le début, je compte en étés, je ne sais pas pourquoi. Le printemps est le moment de la renaissance, bien sûr, mais ma naissance s'est un peu faite l'été, quand on y pense. J'entamerai bientôt mon quatrième été et, chaque année, de nouveaux défis m'attendent.

Mais revenons au premier été. Début de la testostérone, publication de mon premier livre et première incursion dans le monde LGBTQ, en tant que membre à part entière.

Lors de ma rencontre avec le docteur Grincheux, j'avais dû me peser : deux cent seize livres. J'avais été choqué de voir ce chiffre, et totalement découragé.

Pour éviter les problèmes administratifs à l'université, au travail et à l'école de Félix, ainsi que les questions qui pourraient survenir, je me suis créé un nouveau courriel. J'y ai inclus le nombre 148. Ce qui était mon objectif de poids. Enfantin ? Peut-être. Mais j'allais devoir rendre des comptes à ce nombre, j'allais l'avoir en face tous les jours, plusieurs fois par jour. Impossible de se voiler la face dans ces moments-là.

Directement après être revenu de mon rendez-vous chez l'endocrinologue, je suis allé chercher ma prescription à une des nombreuses pharmacies du coin. Malaise.

— Pourquoi ? m'a demandé le pharmacien. Étrange prescription pour une femme, a-t-il ajouté.

Même ma cousine, habituellement aveugle aux excès des gens, a haussé un sourcil.

— C'est normal qu'il fasse un commentaire comme ça? a-t-elle chuchoté quand il a tourné le dos.

J'ai secoué la tête. Je n'étais pas très familiarisé avec l'étiquette des pharmaciens, mais quelque chose me disait qu'il manquait de tact.

— Tu dois absolument t'injecter ça dans le muscle, m'a-t-il expliqué. Voilà ta bouteille et tes aiguilles, tu sais comment faire?

— J'ai rendez-vous avec une infirmière dans vingt minutes.

— D'accord. J'envoie un fax à ton médecin.

— OK… Pourquoi, au juste?

— C'est une substance contrôlée, je veux vérifier la validité de cette ordonnance.

— C'est écrit que c'est pour un changement de genre, a objecté ma cousine. C'est plus que valide, me semble.

— J'ai le droit de vérifier si j'ai des doutes, a répliqué le pharmacien. Il a écrit sous la peau, mais c'est dans le muscle.

— On peut faire les deux, à ce qu'il m'a dit, ai-je objecté.

— Je n'en suis pas convaincu.

Je n'ai rien ajouté. S'il voulait perdre son temps, qu'il le fasse. Moi, j'avais rendez-vous pour recevoir ma première dose de testo ! Et les changements allaient enfin pouvoir commencer.

Lentement.

Très lentement.

Très, très lentement.

Ce qui est drôle (ou pas), c'est que ma réticence à prendre de la testostérone venait du fait que je souhaitais certains changements sur mon corps et que j'en refusais d'autres. La testostérone remplace graduellement l'œstrogène chez un homme trans, l'envoyant directement dans une nouvelle puberté, masculine cette fois. Les changements incluent : mue de la voix, augmentation de la pilosité, changement dans la musculature, répartition du gras corporel, éloignement de la naissance des cheveux au niveau du front, acné, augmentation de la libido, arrêt des règles, transpiration, grossissement du clitoris. Ce sont les plus évidents et les plus courants. Je voulais l'arrêt des règles et la mue de la voix, le grossissement de ce que j'avais dans mon pantalon, la répartition du gras corporel (bye-bye les grosses hanches), mais je n'avais pas envie d'avoir une barbe, ni du poil sur le ventre et encore moins dans le dos et sur les fesses, pas envie d'être boutonneux et d'avoir encore plus chaud que déjà.

Comme on ne peut choisir certaines caractéristiques et en refuser d'autres, j'avais au préalable décidé que la testo, ce n'était pas pour moi. Je me sentais un peu mal de ne pas accepter tous les changements, mais la psychologue que j'avais vue à Gatineau m'a dit un truc qui m'a marqué:

— Ça t'a pris toutes ces années pour enfin comprendre qui tu es et l'accepter, je pense que tu as le droit d'être pointilleux sur comment tu vois ton corps.

Ses paroles me reviennent en tête constamment, dans différentes situations. Quand je lis ou j'entends que quelqu'un se désespère que ses parents ou ses amis se trompent de nom ou de pronom, j'y pense: on a mis tellement de temps à se construire soi-même, il faut laisser du temps aux autres aussi. Ils n'ont pas ce sentiment d'urgence, cette nécessité du changement...

Cette urgence est ce qui m'a fait accepter les changements liés à la testo que je percevais comme négatifs. Ils ne sont pas devenus part de mon image mentale de moi-même: jamais je ne me suis vu avec une grosse barbe, et je crois que ça n'arrivera pas. Ils sont devenus bien moins importants. Une petite barbe, ça me va. Les modifications corporelles que je souhaitais ont alors pris davantage d'espace dans mon esprit et j'attendais l'évolution avec impatience.

Durant les premières semaines, j'ai noté que ma voix avait quelque peu changé d'octave. « Quelque peu » sont les mots-clés, ici. Impossible de dire à quel point tous les changements sont réels ou imaginaires au départ. On attend ce moment avec tellement d'impatience qu'on voit peut-être une évolution là où il n'y en a pas, qui sait. Un effet placebo.

Le 17 juin, j'ai reçu une belle surprise : un courriel du GRS. Très simple : « Nous avons reçu la réponse du gouvernement pour votre chirurgie. La RAMQ paiera. Est-ce que la date du 3 octobre vous conviendrait ? »

C'est tout. Tout était dit et j'étais extatique. Je m'en souviens, les enfants et moi étions assis devant la télévision, le souper mijotait, il était aux alentours de dix-huit heures trente quand le courriel est arrivé. J'ai aussitôt répondu : « OUI ! » Bon, je ne me rappelle pas si j'ai tout mis en majuscules, mais l'émotion était là. J'ai compté les jours : cent huit jours avant la chirurgie. Sans les vacances d'été, ç'aurait pu être plus rapide, mais je ne me plaignais pas, je croyais devoir attendre le mois d'août pour une réponse ! Tout ça confirmait que ce serait mon premier et dernier été avec un *binder* sur le dos ! Le tissu serré sur la peau, en plus d'un autre chandail, en pleine chaleur, c'était extrêmement inconfortable. Et je me sentais tellement mal par rapport à mon torse que j'avais commencé à mettre un bandage par-dessus mon *binder*, pour aplatir le tout encore plus. Avis de santé publique : il ne faut pas faire ça ! C'est très dangereux. Mais je l'ai fait. Je tirais sans arrêt sur le devant de mon chandail pour le décoller de ma peau, pour mettre de la distance, pour qu'on ne remarque pas qu'il y avait une faible courbe, là.

Le 3 juillet, j'ai eu rendez-vous avec l'endocrinologue de Montréal, qui a repris mon dossier. Pas question que j'aille à Québec sans arrêt !

Avec la prise de testo est venue l'évidence que je devais parler à mon fils de la situation. Je l'ai dit : j'attends souvent qu'un problème se résolve par lui-même plutôt que de faire des vagues inutiles. Mais ce n'était pas un cas où les choses pouvaient continuer sans qu'une explication soit donnée. Je ne devais pas attendre d'être sur une table d'opération pour en parler avec Félix…

Je suis allé le voir dans sa chambre et j'ai repensé à mes recherches sur Internet. J'avais voulu voir comment d'autres parents trans en avaient discuté avec leurs enfants. Il y avait peu d'informations, mais le message global était le même : garder ça simple. C'est ce que j'ai fait.

— Il faut que je t'explique un truc compliqué… Je ne me sens pas bien avec le corps que j'ai maintenant, alors je vais le changer. J'aimerais davantage ressembler à un homme, tu vois ? Avec de la barbe et tout. Mais ça ne change rien pour nous trois, OK ?

Félix a réfléchi quelques secondes. Il avait dix ans, et je ne me voyais pas lui décrire toutes les nuances de mon identité, même s'il les aurait probablement comprises. Les enfants ont beaucoup plus de profondeur qu'on aime le penser.

— Est-ce que tu vas travailler dans la construction comme Régis ?

Régis, c'est notre voisin, le père de son ami, qui est entrepreneur. Sa question m'a fait rire. Moi, construire des trucs ? Je ne suis pas mauvais, mais mes doigts ne survivraient pas longtemps !

— Non, c'est juste l'apparence qui change, mais je vais être plus heureux.

— Alors, c'est cool, a commenté Félix.

— Très cool.

Il est resté silencieux une seconde avant de froncer les sourcils et de dire :

— Est-ce qu'il faut que je t'appelle papa, maintenant ?

Je n'étais pas rendu là ! Je souhaitais voir le mot « maman » disparaître, évidemment, mais, vu mon apparence, ç'aurait été un peu prématuré de ma part de lui demander ça. Il m'avait toujours appelé « maman », je devais lui laisser un peu de temps. Nous nous sommes entendus pour « Sammy ».

Pour ce qui est de Tristan, il n'avait que trois ans et demi; tout lui expliquer allait probablement susciter une réaction ressemblant à: « Et je peux me transformer en ninja? » J'ai décidé d'attendre et, finalement, la conversation n'est jamais venue. Il a sept ans, maintenant, et a suivi son frère durant toutes les étapes langagières de ma transition. De maman, je suis passé à Sammy, et puis à Sam. Occasionnellement, c'est papa… Surtout quand je ne réponds pas assez vite à son goût!

J'ai commencé à perdre du poids. Rapidement, avec mon habitude de ne pas manger assez et de faire trop de sport. Une nutritionniste dirait sûrement que mon alimentation ne pouvait pas être pire que lorsque je mangeais trop (et jamais de bons aliments), mais, tout de même, je ne faisais toujours pas les choses comme j'aurais dû. La transition ne règle pas tous les problèmes. Elle aide pour plusieurs trucs, mais il y en a d'autres qui lui sont imperméables. Ou qui ont déjà fait trop de ravages. L'OSFED a été pour moi un de ceux-ci. Je dois avouer que j'avais espoir que mon problème avec la nourriture s'atténue avec la prise de testostérone, mais ça ne s'est pas produit. Ce n'est pas un sablier que tu retournes et dont le sable s'évacue tranquillement, rendant le verre transparent de nouveau; ce n'est pas comme si tous les problèmes allaient disparaître. Certains, oui, comme la dépression et la haine de moi, le besoin de toujours me comparer, l'impression de ne jamais rien faire de bien… Toutes les choses qui m'ont rendu suicidaire et auraient pu me coûter la vie. Alors, oui, si on me posait la question, je dirais que ma transition m'a sauvé.

Mais tout n'est pas devenu rose, et il y a eu des périodes où, sans vouloir abandonner, j'étais presque trop fatigué pour faire un autre pas.

Mais, au début, j'étais encore trop excité et heureux face à ce monde que je découvrais. C'était tout nouveau pour moi de me retrouver dans des cercles où les gens ont vécu des difficultés et en sont ressortis grandis, où les hommes tiennent la main des hommes, où les gens parlent ouvertement de leurs émotions et de leurs chirurgies. Bien sûr, mes amis étaient ouverts, mais il y avait quelque chose d'extrêmement libérateur et d'inspirant à être parmi des gens *comme moi*.

Avec les membres du forum *D'un autre genre*, nous avons commencé à faire des rencontres, des soupers, des barbecues. Ces gens sont devenus ultra importants pour moi. Ils avaient tous plusieurs mois d'expérience, des années parfois, ils pouvaient répondre à mes questions, mais, surtout, ils n'étaient pas coincés. Nous nous sommes rencontrés à cause de notre identité, mais sommes devenus amis en raison de nos personnalités et de nos approches de la vie et de la transition. Comme dans toute chose, on ne peut s'entendre avec tout le monde et il y a plusieurs dissidences au sein de la communauté. Je suis très reconnaissant d'avoir trouvé ce groupe de personnes, avec qui je passe toujours beaucoup de temps. Je leur ai d'ailleurs dédicacé mon deuxième roman, en guise de remerciement.

En août 2013 est paru *Recrue*, mon premier livre. La maison d'édition a fait un petit lancement, avec Kim Messier, auteure de *Le placard* et *Coming out*. C'est seulement à ce moment que j'ai réalisé ce qui se passait dans ma vie. J'avais tellement accordé d'attention et d'énergie à ma transition dans les derniers mois que l'accomplissement d'un de mes rêves les plus chers n'avait pas eu droit au même émerveillement. Mais, dans cette salle du Centre communautaire des gais et lesbiennes de Montréal, devant ces gens venus pour nous entendre lire quelques extraits et devant les filles de la maison d'édition que je ne savais pas que j'aurais la chance de côtoyer pendant plusieurs années encore, j'ai soudainement été frappé par ma place. Mes pieds, au sol, étaient là, parce que, devant moi, sur la table, j'avais créé quelque chose qu'on avait jugé digne d'être partagé avec un très grand nombre. C'est fou, quand on y pense. Moi, petite personne…

Un livre, ça voyage. Thomas et Maxence, les personnages de *Recrue*, sont entrés chez les gens, dans leur intimité, leur espace. Dans cette grande maison de campagne, ce petit appartement montréalais, cette valise en partance pour le Sud… Ce n'est pas moi qui y suis allé, ce sont eux, ces protagonistes qui vivent des choses, ressentent et font ressentir. J'ai soudainement compris tout ça, et réalisé la chance que j'avais. Je n'ai jamais voulu être célèbre, connu, reconnu dans la rue. Mais j'ai toujours voulu qu'on soit inspiré. Pas par moi, mais par eux. Par Tom et Max et tous les autres qui, sans que je le sache, allaient suivre. Et, ce jour-là, j'ai compris que ce serait fait. Qu'on m'avait donné cette chance. Une phrase de ma directrice de thèse m'est revenue en tête. Alors que nous parlions de publication de livres, l'automne précédent, je lui avais lancé, à la blague :

— Au moins, je vais pouvoir dire que je suis un vrai auteur, maintenant.

Et elle m'avait répondu :

— Faudra que t'en publies d'autres, par exemple !

Ça m'avait fait rire et je songeais qu'un, pour commencer, c'était bien, et qu'on verrait si j'avais d'autres idées ensuite. Mais là, je voulais publier autre chose ! *Recrue* sentait encore les boîtes de carton et l'encre que j'en voulais plus ! Ça m'est apparu vital de continuer à écrire. Moi qui suis très solitaire, je me suis retrouvé, lors de ce lancement, au milieu des lecteurs qui partageaient leurs histoires avec moi. Ce fut une révélation. Comment pouvait-on dire non à ce genre d'expérience ? C'était comme voyager sans bouger ! Il fallait que je publie autre chose, pour pouvoir voir d'autres gens, encore et encore. Je n'avais aucune idée de l'influence que mes livres pouvaient (et allaient) avoir sur les lecteurs, je voulais seulement publier pour rencontrer d'autres personnes qui aimaient lire autant que moi j'aimais écrire.

Je travaillais déjà sur *Garçon manqué* à ce moment-là, un roman ayant pour personnage principal un garçon trans. J'avais proposé le sujet aux filles de la maison d'édition, qui avaient paru super enthousiastes et avaient accepté le projet. Et mon premier livre n'était même pas encore sorti… Si ce n'est pas une marque de confiance, je ne sais pas ce que c'est ! Je n'avais cependant pas écrit grand-chose. J'en étais encore à la partie recherche. Je regardais des documentaires, je parlais au docteur Ghosh, qui s'occupe des enfants trans dans la région de Montréal. Le lancement m'a donné un *boost*. J'ai terminé le manuscrit en quelques mois.

Le 18 août 2013, j'ai assisté à mon premier défilé de la fierté. J'y ai même marché avec le groupe de l'ATQ (l'Aide aux trans du Québec). J'y étais avec un de mes amis et nous tenions des pancartes proclamant notre droit d'être exactement qui nous sommes.

L'atmosphère était électrique. Pour moi, en tout cas. Il y avait cette foule qui nous encourageait, qui souriait, de la musique, et un autre gars trans, en *boxers* avec des ailes de papillon sur le dos, qui donnait des autocollants à qui en voulait bien, des gens qui se joignaient à notre délégation. Je me suis senti en paix avec mon identité publique. Alors que j'évitais de parler de ma transition à des personnes non trans, à cet instant on aurait dit que j'aurais pu en discuter sans problème. Il s'agit probablement d'une fausse impression créée par l'euphorie du groupe et du moment, mais bon… Après seulement trois mois de testostérone, j'étais encore un bébé dans cet univers LGBTQ, mais je crois que ma première incursion dans le monde des grands m'a fait du bien.

J'ai eu besoin de beaucoup de temps avant de me sentir inclus au sein de la communauté LGBTQ. En fait, je m'identifiais bien au *T*, mais le *G*… Ce n'est qu'en commençant ma transition que je me suis souvenu de ces moments où, adolescent, je me surprenais à espérer qu'un gars soit gai. Et ce n'est qu'en me visualisant plus tard, lorsque mon apparence allait me satisfaire et que je voudrais recommencer à fréquenter des gens, que j'ai réalisé que j'étais *exactement* comme je me voyais dix ans plus tôt: gai. Je n'avais pas compris tout ça avant ce moment. Je savais que le mot qui me désignait avait changé, il était passé d'« hétéro » à « gai », mais je n'avais pas senti que c'était réel, tout ça. C'est durant cet été, en me promenant dans le Village avec des amis, que j'ai pleinement pris conscience de ma place dans la communauté gaie autant que de ma place dans la communauté trans. Et, mon Dieu, ça m'a rendu heureux! Tellement… C'est difficile à décrire, mais, si ma transition m'avait apaisé, ça restait un processus stressant et complexe, alors que là… avec cet ajout, mon « impression » d'adolescent allait, par joyeux dommages collatéraux, se concrétiser aussi. Toute la pression et les difficultés se sont évaporées! Il m'a enfin semblé que j'étais entier. Pas tout à fait construit encore, mais tous les morceaux étaient là…

Je ne me suis jamais gêné pour regarder les gars que je trouvais beaux, mais, avec les changements dans mon apparence, j'ai réalisé que je devrais peut-être être plus discret. L'homosexualité ne m'a jamais posé problème, je n'ai jamais sourcillé en recevant un regard ou en remarquant le regard d'un homme sur un autre. Mais mon indifférence ne s'avérait pas universelle ; d'autres n'étaient pas aussi à l'aise. C'est Félix qui m'a fait comprendre tout ça.

Nous étions au marché de fruits et légumes, à la fin de l'été. Je lui avais demandé de m'attendre au bout d'un kiosque. Je voulais aller saluer une amie, mais il y avait tellement de monde, et Tristan était dans sa poussette. En revenant vers eux, j'ai croisé un bel homme. J'ai tourné la tête brièvement.

— Pourquoi tu souris ? m'a demandé Félix alors que nous quittions le marché.

— Rien. Il était *cute*, c'est tout.

— Ben là !

J'ai froncé les sourcils. « Ben là » quoi ?

— Si t'es un gars, maintenant, tu peux pas faire ça.

— Pourquoi pas ?

— Les gars sont pas amoureux d'autres gars.

Sa remarque m'a étonné. Il est vrai que nous n'avions jamais parlé de tout ça, malgré mes études et ma transition. Ça allait de soi, pour moi. Manifestement, j'avais tort.

— Et qu'est-ce que tu fais de Paul ?

Je lui ai cité d'autres noms de personnes de notre entourage qui étaient soit gaies, soit bisexuelles.

— J'ai pas changé d'intérêt, Félix, lui ai-je expliqué. J'aimais beaucoup Marc. Et les autres aussi. C'est mon corps qui change, pas ma tête.

— Tu vas pas sortir avec des filles, alors ?

— Non. Probablement jamais.

— Alors, t'es homo. Le monde va le voir.

— Ça te dérange ?

— Non, c'est juste…

J'ai attendu, lui ai laissé le temps de réfléchir. J'étais un peu anxieux à l'idée qu'il ait un problème avec cette facette de moi qu'il venait de comprendre. Tout allait bien jusqu'à ce moment, je n'avais pas envie de tout compliquer.

— C'est juste que j'avais pas pensé à ça. Quand tu vas être plus gars, avec de la barbe et des muscles, personne va le savoir que t'as fait le changement. Alors, personne va t'écœurer. Mais, si t'es avec un gars, là, ils vont peut-être le faire, et je trouve ça poche pour toi.

— Tant que personne ne t'achale, toi, je vais être content, ai-je répliqué avec un clin d'œil.

— Ils pourraient bien essayer, je m'en fous.

PREMIÈRES CICATRICES

3 octobre, date de ma première chirurgie. J'avais perdu trente livres et je me sentais mieux, même si je me savais encore enrobé et plein de courbes. Au magasin de jouets, quand je répondais au téléphone, on me disait « monsieur », et c'était gratifiant.

Avant de me rendre au Centre métropolitain de chirurgie, situé juste à côté du bureau de la docteure Bélanger, au nord de Montréal, j'avais dû me raser, du cou au nombril. Les aisselles et le torse y étaient passés. C'était un peu risible, étant donné que je n'avais qu'un ou deux poils sur le torse, mais les consignes sont les consignes !

J'y suis allé en autobus et en métro, en me levant à cinq heures du matin pour être certain de ne pas être en retard. Mon ami-e*, toujours si serviable, avait accepté de m'accompagner. Nous nous étions rejoints au métro.

— C'est ce matin ! C'est malade !

---

* Mon ami-e étant non binaire et ne s'identifiant pas seulement au genre féminin ou au genre masculin, la narration respecte son identité.

Son exubérance m'avait fait rire. Étonnamment, j'étais très calme. Comme si je n'étais pas du tout sur le point de me faire couper ni endormir et tripoter dans mon sommeil… J'étais zen.

— T'es pas énervé ? Moi, je le suis pour toi !

Je l'étais, c'est certain. Mais on aurait dit que j'allais à un cours de littérature : enthousiaste, curieux… Mais il n'y a rien d'effrayant dans un concept littéraire !

Au GRS, nous nous sommes assis devant le bureau des infirmières, situé au centre de l'unité de chirurgie, comme s'il s'agissait du noyau. OK, j'avoue. À ce moment, j'ai eu quelques frémissements d'excitation et de nervosité. On m'a ensuite montré la chambre qui serait la mienne pour une nuit, et on m'a offert la joyeuse jaquette bleue de circonstance. La pièce était de bonne dimension, occupée par deux lits séparés par un rideau. La fenêtre donnait sur le parc en face, et la prison non loin.

— J'en reviens pas ! s'est exclamé-e mon ami-e. Tu te rends compte ! C'est malade !

Je crois qu'après avoir souhaité, même inconsciemment, pendant toutes ces années, que mon corps soit différent, la chirurgie était une évidence, une brique de plus sur la route de ma vie. Ce n'était pas une courbe, un *stop*, un *speed bump*. C'était ma manière de voir les choses. J'allais être énervé plus tard, quand j'allais enfin me voir, le torse plat, et que je n'aurais plus jamais à mettre de *binder*, ni de bandage. Dans les derniers mois, Félix avait commencé à m'aider à placer mon bandage comme il le fallait par-dessus mon *binder*. Puisque je le mettais très serré, il devait être très droit, pour ne pas glisser. J'avais bien hâte de ne plus lui demander ce genre de service, même s'il s'était lui-même proposé. Il avait l'impression de participer.

Je suis monté au second étage du Centre métropolitain de chirurgie vers neuf heures. Dans la salle dotée de sièges de cuir et de magazines, il y avait une autre femme. Cisgenre, je crois bien.

— Augmentation mammaire, m'a-t-elle dit.

Je n'ai pas eu le temps de répondre qu'un infirmier a ouvert la porte et l'a appelée. Elle est partie avec lui en me souhaitant bonne chance.

— À vous aussi, ai-je répondu.

Et puis, l'ironie de la situation m'a frappé. J'étais là pour me faire enlever les seins et cette femme allait s'en faire poser ! On n'aurait pas pu faire un échange ?

— Samuel ?

Je me suis retourné. D'une autre porte, la docteure Bélanger m'a souri. Je suis entré dans un petit bureau et elle m'a dirigé vers un espace à droite, où il y avait une table d'examen. Elle m'a fait baisser la chemise d'hôpital bleue. Alors que j'étais debout, elle a dessiné des marques sur mon torse, pour indiquer où couper ma peau et où replacer mes mamelons. Elle a pris des mesures, a vérifié l'harmonie de la chose.

Puis, je suis retourné dans la petite salle d'attente. Mais pas longtemps. La même infirmière qui m'avait fait monter est venue me chercher. On m'a conduit vers la salle d'opération. Plusieurs personnes étaient présentes. Infirmières et anesthésistes.

On m'a invité à m'étendre sur la table, les bras en croix.

— Beaux tatouages, a dit quelqu'un dans mon dos.

La jaquette couvrait encore mon torse. Je me suis soudain senti très embarrassé en réalisant qu'ils allaient tout voir quand j'allais être inconscient. Ils allaient voir l'erreur qu'était mon corps. J'ai pris une grande inspiration ; je n'étais pas le premier et je ne serais certainement pas le dernier.

Et puis, mes tatouages n'étaient pas si jolis… Ils étaient très féminins, vestiges de mes années de tentatives de conformisme. J'allais les faire recouvrir quelque temps plus tard.

— Champagne, a rigolé l'anesthésiste. Tu es un bon cru, au moins ?

— Hein ?

Je ne sais pas où était ma tête, mais je n'ai pas compris sa blague. Il a dû la répéter trois fois avant que je ne saisisse. Et, même là, je n'ai pas eu le réflexe de sourire minimalement de manière convaincante.

— Fixe la lumière en haut de toi, a-t-il dit encore.

Il y avait un gros *spot* aveuglant directement au-dessus de mon visage. J'entendais l'anesthésiste parler, dire que ce ne serait pas très long et que…

Et puis, plus rien.

Je me suis réveillé autour de treize heures. Je me suis inspiré de mon expérience pour écrire la scène du réveil dans *Éloi*, qui allait paraître dix-huit mois plus tard. J'ai navigué entre la conscience et l'inconscience pendant quelque temps. Quelle étrange sensation de ne pas se rappeler plusieurs heures de sa vie ! Il y avait quatre heures que j'étais monté pour l'opération. Et je me retrouvais dans un endroit différent, un sac de glace sur le torse, sans trop savoir qui m'avait bougé, touché, surveillé. Perte de contrôle totale…

J'ai abaissé la couverture. On m'avait mis un bandage du bas des côtes jusqu'au haut du sternum. Il était collé par des adhésifs chirurgicaux et il était très épais. Deux drains sortaient de quelque part sous mes aisselles, et les tubes avaient été épinglés au bas d'un bandage recouvrant le premier. Je ne voyais donc rien, mais je n'ai pas été déçu. Après tout ce temps! Ce qui me confirme encore une fois que j'étais tellement en paix avec ma décision que rien de ce qui aurait pu arriver ne m'aurait inquiété. J'aurais tout le reste de ma vie pour voir… Pas de sang, pas de cicatrices. J'avais même un plus gros renflement sur le torse que quand j'avais une poitrine féminine, c'est peu dire…

— Devenir un gars pour avoir une serviette hygiénique géante sur la poitrine, allait blaguer ma mère plus tard. Faut le faire!

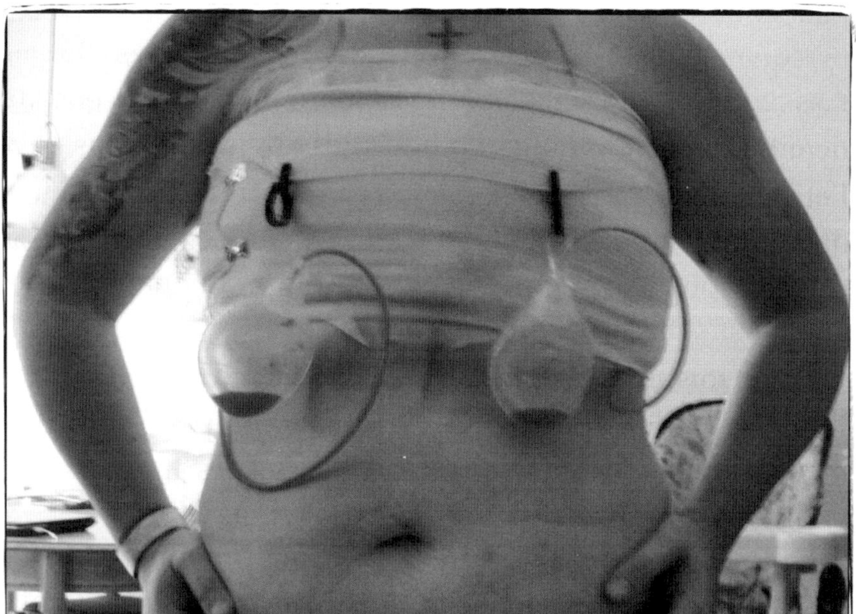

Elle n'avait pas tort, ça y ressemblait vraiment !

Une infirmière est entrée dans la chambre alors que je terminais une conversation avec ma mère, lui assurant que je ne l'appelais pas directement d'outre-tombe.

— Tu penses que tu peux aller aux toilettes ? Uriner ?

J'ai eu envie de rire, mais je n'en avais manifestement pas l'énergie, parce qu'aucun son n'est sorti de ma gorge. Elle avait l'air super sérieuse. C'était ça, ma mission ? Aller faire pipi ?

Et pourtant... Je marchais comme ma grand-mère, un peu courbé, et l'amplitude couverte par mes bras était presque nulle. Imaginez un T-rex ? Comment arrive-t-il à faire quoi que ce soit avec ses petits bras recroquevillés, hein ? C'est exactement comme ça que je me suis retrouvé. J'étais encore branché sur un soluté et je devais avancer dans la chambre en ne bougeant que mes poignets, les bras collés le long de mon corps, pliés au coude.

Une fois que j'ai été assis sur le siège des toilettes, la partie deux de la mission devait être accomplie. Apparemment, une anesthésie endort la vessie et les intestins. On apprend de nouvelles choses tous les jours.

— Ça va ? m'a demandé l'infirmière.

— Je m'amuse comme jamais.

Elle a ri de l'autre côté de la porte fermée. Une fois ma vessie réveillée… Partie trois de la mission. M'essuyer. Ha. Ha.

Je suis retourné à la chambre, épuisé.

J'ai passé le reste de la soirée à texter mes amis. Celui avec qui j'avais marché lors du défilé de la fierté m'a demandé si j'avais vu la belle infirmière qu'il m'avait décrite. J'ai dit que non, mais, en fait, je n'avais même pas cherché.

« Tu chercheras le gars avec un tatouage. Il va te plaire », a-t-il écrit.

Alors là, j'allais prêter attention !

J'ai quitté le GRS le lendemain. Docteure Bélanger est venue me voir dans ma chambre, a regardé mes drains et m'a demandé de prendre rendez-vous pour la semaine suivante afin qu'on me retire le bandage.

Et miracle, j'ai pu m'habiller seul. Ç'a été long, mais je l'ai fait. Aucune douleur, pas même un engourdissement. N'eût été la retenue dans mes mouvements, on aurait pu croire que je n'avais rien subi. L'infirmière m'a montré comment vider les drains, m'a parlé des risques d'infection, m'a expliqué quels médicaments prendre. Et voilà, j'étais parti.

Ma cousine Josée est venue me chercher. Arrivé à la maison, je me suis couché sur le divan et j'ai dormi jusqu'à ce que les enfants arrivent. Ainsi se résuma ma semaine. Je travaillais sur *Garçon manqué*, sur ma thèse, je dormais, je retravaillais, je dormais. Ma cousine Mary-Ève et mon amie Amélie sont venues jouer à des jeux, pour me distraire. J'avais hâte de voir le résultat ! J'avais hâte à mon rendez-vous postopératoire. C'était fait. La première chirurgie. Enfin débarrassé de ces boulets, c'était difficile à croire.

Rendez-vous postopératoire. On m'a installé sur le même lit que j'avais eu la semaine précédente. L'infirmière est venue retirer le bandage. L'air frais sur mon torse m'a surpris. C'était la première fois que je n'avais pas à me couvrir en présence d'étrangers. Il faisait froid. Les cicatrices étaient minces, en forme de sourires en coin. Les mamelons étaient noirs, mais c'était normal. Ils auraient pu mourir et tomber, mais ce n'était pas le cas.

— Respire un grand coup; retirer les drains, ça fait toujours un peu mal.

Je le savais, je l'avais lu: certains gars ont dit qu'ils avaient vraiment souffert et que…

— Pas trop de douleur?

Je concentrais mon attention sur l'infirmière. Elle avait un des drains en main. Je n'avais rien senti. Je la regardais donc faire pour le second. Le tube était placé sous la ligne de ma cicatrice, je le voyais bouger sous ma peau. Et il est sorti. On m'a remis le bandage brunâtre; je devais le garder en place, pas trop serré, pendant un mois, pour contrôler l'enflure. Ma période T-rex était presque terminée, je recommençais à avoir une certaine mobilité au niveau des bras. Ce qui n'empêchait pas Félix et Tristan de rire de moi quand je ne pouvais soulever le litre de lait ou quand je devais demander de l'aide pour atteindre une assiette dans l'armoire.

Il y avait quelque chose d'extrêmement plaisant à sentir mon chandail sur mon torse, sans barrière, sans *binder*, sans soutien-gorge. Même le léger bandage n'enlevait rien à ce sentiment de liberté que j'ai ressenti pendant des semaines après qu'on a retiré le gros bandage et les drains. J'étais libéré, littéralement. Quand on cherche à cacher quelque chose sur son apparence, chaque détail compte. Le vent, par exemple. Marcher face au vent est une horreur. Sans cesse, on se trouve à tirer sur le devant de son chandail pour le décoller de sur sa peau, pour que les courbes, même aplaties, ne soient pas visibles. S'entraîner avec un *binder* est déconseillé. Je m'y risquais quand même, mais, souvent, mes côtes me faisaient mal, mes poumons brûlaient, parce qu'ils n'avaient pas assez d'espace pour accomplir leur travail. Il y avait certains mouvements que je ne pouvais pas faire, ou ne voulais pas faire, de crainte que les gens ne remarquent mon torse dissimulé. Mais à ce moment… je n'avais plus à penser à tout ça. En sortant du Centre métropolitain de chirurgie, je me rappelle avoir traversé la rue pour me rendre à l'arrêt d'autobus, avoir lentement étendu les bras le long de mon corps et avoir fermé les yeux. Le vent… pas trop fort… contre mon visage… ma peau, mon chandail… Sans obstacle, sans pression. Il s'est infiltré entre les fibres du tissu, entre les fibres du bandage, je l'ai senti sur ma peau. Ou peut-être l'ai-je imaginé, mais qu'importe. J'écris ces mots et j'en ai des frissons.

Étape un, complétée.

ÉTAPE TROIS

Mais où est passée l'étape deux, me direz-vous? Il s'agissait en fait de la testostérone. C'était le deuxième élément le plus important pour moi. Alors, deux choses de faites. Est-ce que j'avais besoin d'autre chose pour me sentir bien? Après introspection, j'en suis venu à la conclusion que, pour le moment, j'allais attendre et voir comment la testostérone changeait mon corps, et y aller au jour le jour. Ce que je souhaitais faire, cependant, c'était rendre ma situation plus simple sur le plan légal. Mon apparence se masculinisait, mais tous mes papiers d'identité présentaient encore un nom et un genre féminins. On pourrait me refuser des services pour cette raison. En voyant la discordance, la dame du club vidéo, l'infirmière, la pharmacienne, l'homme à l'entrée d'un bar quelconque, la personne chargée du comptoir postal… ils sauraient que je suis trans. Il s'agissait d'une information personnelle que je ne voulais partager qu'avec ceux en qui j'avais confiance.

Les procédures pour le changement de nom ont été modifiées depuis, mais, en 2013, il fallait tout d'abord remplir le formulaire préliminaire d'étude du dossier. On nous envoyait par la suite le vrai formulaire avec les critères d'admissibilité et les étapes à suivre. Il fallait obtenir une lettre de notre endocrinologue disant que nous étions sous hormones, publier ensuite l'annonce du changement de nom dans la *Gazette officielle du Québec*. Deux fois, à deux semaines d'intervalle, pour ainsi donner la chance à quiconque le souhaiterait de contester le changement. Puis, il fallait publier la même annonce dans notre journal local. Envoyer le dossier. Et attendre.

Chaque étape engendrait des frais non négligeables. En tout, on parlait d'environ cinq cents dollars. Il était toutefois impossible de faire changer son genre sur ses papiers d'identité sans avoir au préalable, pour les gars trans, subi une hystérectomie, soit l'ablation de l'utérus. Il était encore tôt dans mon processus pour penser à cette étape, requise pour les chirurgies génitales, que je n'étais toujours pas certain de vouloir… J'avais donc deux choix : attendre plus d'un an de faire les démarches pour l'hystérectomie et dévoiler mon identité toutes les fois que je sortirais mes cartes, et effectuer toutes les démarches en même temps, ou procéder tout de suite et au moins avoir le bon prénom sur mes cartes. Le petit *F* n'était pas nécessairement un détail que les gens remarqueraient d'un regard, et je me sentirais alors plus à l'aise. J'ai donc rempli tous les formulaires, demandé les papiers. En recevant mes exemplaires de la *Gazette officielle du Québec* – que je devais joindre à mon dossier –, j'ai vraiment pris conscience du ridicule de cette demande. Le message donnait à voir mon adresse et la raison de ma publication. Quelqu'un de mal intentionné (et avec du temps à perdre) pouvait donc sans problème se rendre chez une personne trans et commettre un méfait.

Quand on sait que les personnes trans sont beaucoup plus susceptibles, statistiquement parlant, de subir ce genre d'actes, serait-il possible de ne pas empirer les choses ? Heureusement, depuis décembre 2015, ce n'est plus une obligation. Les gens économisent ainsi beaucoup d'argent et sont plus en sécurité.

Quelques semaines après mon opération, j'ai remarqué un petit trou rouge et blanc près d'un de mes mamelons. Craignant une infection, j'ai envoyé des photos au GRS pour en être certain. On m'a dit de ne pas m'inquiéter et de mettre du Polysporin. Les choses ne sont pas allées en s'améliorant, mais ne se sont pas dramatiquement dégradées non plus. Je voyais toutefois que mon mamelon gauche n'adhérait pas à ma peau aussi bien que le droit. Pour arranger les choses, au retour d'une sortie au cinéma avec Amélie, nous avons été victimes d'un accident. À un feu rouge, autour de minuit, une voiture a percuté l'arrière de celle de mon amie. Le véhicule nous a ensuite contournés et est parti dans un crissement de pneus. Nous nous sommes dirigés vers l'entrée d'un IGA, tout proche.

— Ça va ? ai-je demandé à Amélie.

— Ouais, et toi ? Ç'a dû te faire mal, non ?

— Pas si pire…

La ceinture avait absorbé le choc, mais avait aussi appuyé contre mon torse encore très sensible. J'ai remarqué ensuite qu'elle avait étiré la cicatrice de mon mamelon gauche. Je suis resté avec une cicatrice en forme de losange et un minuscule bout d'aréole. J'ai choisi de me faire tatouer le torse deux ans plus tard pour avoir enfin un résultat uniforme, et peut-être éviter certains regards sur mon torse quand je me promène à la plage ou aux glissades d'eau.

Vers le mois de décembre, McFly, mon groupe de musique préféré, a annoncé de nouvelles dates pour leur prochaine tournée : mai 2014. Mon amie Kerstin et moi n'avions pas pu avoir de billets lors de la première vente, mais, dès que j'ai vu l'annonce, j'ai envoyé un courriel à Kerstin, lui demandant si elle était partante. Elle a répondu : « Tu parles ! » Lors de nos deux voyages précédents, je m'étais occupé des réservations, et Kerstin m'avait remboursé en temps et lieu. Mais cette fois... impossible. Ma carte de crédit ne portait pas le bon nom. Et, comme il fallait la présenter dans chaque auberge, ainsi que pour récupérer les billets ou pour prendre le train et l'autobus, je ne pouvais effectuer aucune réservation sous peine de voir nos achats invalidés. Expliquer la situation était une solution, mais rien n'était garanti. La discrimination est souvent subtile et se masque sous bien des excuses. Est-ce que je voulais prendre le risque ?

Kerstin s'est donc chargée des réservations, mais nous n'avons pu obtenir qu'une seule paire de billets. C'était mieux que rien ! Je devais partir le 9 mai et revenir une semaine après. Tout était génial... jusqu'à ce que je pense à mon passeport sur lequel se trouvaient encore mon prénom de naissance et mon genre assigné. Eh merde… Est-ce que mon changement de nom serait effectué à temps pour que je puisse me faire faire un nouveau passeport ? Parce qu'il était certain qu'en mai, presque un an après que j'ai commencé les injections de testostérone, mon apparence ne serait plus ambiguë du tout ! J'allais me faire questionner aux douanes, sans aucun doute. Là, le *F* allait être remarqué !

Je savais que le passeport était le seul document où on pouvait faire changer notre genre avant d'avoir subi une hystérectomie. Il fallait seulement présenter un papier d'un gynécologue affirmant que la chirurgie aurait lieu dans la prochaine année. Moi qui n'étais pas certain de vouloir subir cette chirurgie, je me suis retrouvé forcé de faire des démarches qui me semblaient inutiles. En effet, en quoi est-ce que mon utérus allait changer quelque chose à mon identité ? Ce n'est même pas visible !

Pour détenir un passeport qui me représentait *réellement*, je devais donc obtenir ce papier du gynéco… Mais, pour l'avoir, il me fallait une référence. Je me suis donc présenté de nouveau au sans rendez-vous de ma ville. En m'étant assuré la veille que le gentil médecin était de garde, cette fois-là. Monsieur Grincheux et moi n'aurions pas de deuxième *date*, merci beaucoup.

Je suis ressorti avec ma recommandation facilement, avec, en plus, une bonne utilisation des pronoms par le médecin. Seul bémol : bien que j'aie spécifié à l'entrée que mon nom était Samuel, on a quand même clamé haut et fort mon prénom de naissance dans la salle d'attente bondée. Grrrr… Qu'est-ce que je pouvais faire? Les gens, voulant sans doute désespérément une distraction, cherchaient qui était cette madame Champagne. Si je ne me levais pas, j'allais manquer mon rendez-vous. Si je me levais… Et voilà… les regards étonnés m'ont frappé en plein visage. Des regards curieux, incertains. Je doute que ces gens se soient dit: « Ah, voilà une personne trans! » C'était aux débuts d'*Orange Is the New Black* et du personnage de Laverne Cox, une femme trans, avant la série documentaire *Je suis trans*, avant Caitlyn Jenner. Le lien était plus difficile à faire parce que la situation était encore plus méconnue. Je devais seulement avoir l'air très, très, très *tomboy*.

Il fallait trouver un gynéco, maintenant! La femme qui s'était occupée de moi quand j'avais eu Tristan ne prenait que des femmes enceintes, ce que je n'étais indéniablement pas. J'ai pu trouver quelques gynécologues familiarisés avec les personnes trans. Deux, en fait. Je leur ai envoyé un fax et ai appelé pour savoir quels étaient leurs délais pour un rendez-vous: si je ne parvenais pas à au moins voir le médecin d'ici avril (nous étions en décembre), ça ne servait à rien de précipiter les choses, je n'aurais pas le bon passeport à temps et devrais miser sur la bonne volonté des agents des douanes pour que mon voyage se déroule bien.

— Février ou mars, m'a dit la dame du bureau du docteur Brochu.

— D'ici quelques semaines, m'a confirmé la secrétaire du docteur Tulandi.

Les hôpitaux de ces médecins étaient à Montréal et j'avoue que j'aurais bien aimé me faire opérer plus près de la maison, pour éviter de devoir demander à des amis de venir me chercher. J'ai donc envoyé ma référence à l'hôpital Anna-Laberge. Et j'ai trouvé un centre de gynécologie situé à Saint-Jean-sur-Richelieu. Ce qui était parfait! Trop beau pour être vrai.

— C'est pour votre femme, monsieur? m'a demandé la réceptionniste au téléphone.

— Pour moi, en fait.

— Oh, désolée, madame.

Soupir...

— Pour quelle raison? s'est-elle informée. L'hystérectomie, je veux dire. Raison urgente? Ou simplement parce que la famille est terminée?

— Je suis trans et je dois me faire enlever l'utérus et les ovaires.

Silence.

— Allo?

— Je ne pense pas qu'on fasse ça, ici.

— Des hystérectomies ?

Nouveau silence. Si j'avais été devant elle, elle aurait probablement regardé partout sauf dans mes yeux. Elle a expliqué, d'une voix un peu rêche :

— Pour les gens comme vous. Faut aller à Montréal.

— Les gens comme moi ?

— Les médecins d'ici ne font pas ça.

J'étais… Le mot « surpris » n'est pas apte à décrire mon sentiment. Mais de quoi parlait-elle ? Une part de moi voulait se dire que ses paroles avaient une raison logique, qu'elle m'expliquerait tout dans les prochaines secondes, mais le silence s'éternisait. Quand je disais que la discrimination essaie de se cacher sous des excuses… c'en est un excellent exemple.

— Ils ne font pas d'hystérectomies ? ai-je redemandé.

— Non, non, ils en font, mais… Pour vous, c'est plus compliqué.

— Comment ça ? C'est pas par laparoscopie ?

— Oui, on fait ça, mais... C'est juste plus compliqué. Tu devrais appeler à Montréal.

— Mais vous êtes juste à côté de chez moi. En quoi c'est plus compliqué ?

— Les médecins ne s'occupent pas des gens comme vous, ici. C'est juste compliqué.

— Mais comment ?

Je commençais à m'énerver. Qu'on me donne une raison valable ! J'ai continué :

— C'est en fait moins compliqué que pour la majorité des gens qu'on envoie chez vous. Aucune maladie, rien...

— Je ne sais pas quoi te dire. Les médecins d'ici ne font pas ça. Va à Montréal.

Une connaissance trans avait commencé à dresser une liste des endroits où des personnes trans avaient vécu de la discrimination, dans le but d'éviter que d'autres ne les fréquentent et ne se fassent manquer de respect. Certains endroits avaient refusé des soins, d'autres n'avaient pas tenu leurs engagements, ou avaient traité les gens avec dédain. J'ai mentionné le nom de cette clinique.

« Elle est déjà sur la liste », m'a-t-on écrit. « Ils renvoient les personnes trans dans les grands centres pour aucune raison. »

Et, par hasard, en partageant cette histoire, j'ai su qu'un ami avait vécu *exactement* la même histoire pas plus tard que six mois auparavant. Mêmes paroles, mêmes excuses. Ça m'a rappelé le psychologue qui prétendait ne pas connaître les procédures, mais il y avait une différence de taille : le psy voulait nous traiter, en profitant du fait qu'il était essentiel à la transition de plusieurs. Cette clinique, elle, ne voulait pas nous voir, tout simplement. Ce qui était bien pire, à mon avis.

Finalement, quelques semaines plus tard, j'ai eu un rendez-vous avec le docteur Tulandi, de l'Hôpital général juif. Il y avait un étudiant dans son bureau quand je me suis présenté.

— Est-ce que ça te va ?

J'ai dit oui ; peu importait. Ce n'était pas une chirurgie très complexe, même si chaque chirurgie comporte son lot de risques. Ce docteur faisait la chirurgie par laparoscopie, ne demandait pas d'examens supplémentaires. On a dit qu'on me rappellerait avec une date pour l'opération et les examens préopératoires. J'ai aussi eu mon petit papier stipulant que j'allais subir mon hystérectomie d'ici un an. Une chose de faite !

Mais, tant qu'à être dans les démarches, je suis aussi allé voir le docteur de l'hôpital Anna-Laberge, situé beaucoup plus près de chez moi. Quand j'ai téléphoné pour spécifier que j'étais trans (non, mais tsé, chat échaudé craint l'eau froide), la secrétaire m'a dit :

— Je laisse un message à la docteure, comme c'est la première fois qu'on me pose cette question. Je te reviens le plus rapidement possible.

Quelques heures plus tard :

— La docteure a dit que, si tu avais besoin d'elle, elle allait t'aider.

Comme quoi la capacité de pratiquer des hystérectomies sur les personnes trans n'est pas réservée à l'île de Montréal, contrairement à ce que cette clinique de Saint-Jean-sur-Richelieu semble penser…

La testostérone comporte des risques pour la santé. Minimes, mais malgré tout accentués par la prise continue et les mauvaises habitudes de vie, comme la consommation d'alcool, la cigarette, le manque d'activité physique. Bref, toutes ces choses qu'on devrait éviter, peu importe quel médicament on prend. Même si je ne bois pas ni ne fume, je courais un risque de développer certains cancers et autres problèmes de santé à long terme. Aussi bien passer sous le bistouri tout de suite, plutôt que de recommencer les démarches plus tard. Et l'hystérectomie était obligatoire pour avoir une phalloplastie, un pénis, et j'étais en pleine prise de décision.

En janvier, après quelques appels insistants au bureau du Directeur de l'état civil, j'ai reçu la confirmation de mon changement de nom.

— Il te reste encore trois mois avant ton voyage, tu vas être bien correct ! me disait la première agente.

— Trois semaines pour un passeport, deux semaines pour un certificat de naissance pour demander le passeport, deux semaines avant d'obtenir une carte d'identité pour le certificat de naissance, et un mois à attendre le certificat de changement de nom avant même de pouvoir commencer. Ça donne deux mois et trois semaines. Alors, je n'ai qu'une semaine de jeu, en fait…

— Ah ouais… vu comme ça.

Vu comme ça… Je comprends que la somme globale de tout ce que la transition implique soit difficilement visible. Le changement physique n'est que la pointe de l'iceberg. Il est ardu de voir tous les morceaux de glace cachés, les méandres dans lesquels on doit se faufiler pour obtenir ce dont on a besoin. Fais-toi faire un nouveau passeport. D'accord, pas de problème. Mais, pour ça, on a besoin du formulaire A38. Pour ça, il faut remplir le D. Mais pour le E, il faut le B. Qui demande le F. Obtenu seulement après le G. Astérix et Obélix dans la maison qui rend fou… c'est exactement ça !

L'employée du Directeur de l'état civil a été très gentille et, surtout, rapide. La lettre de confirmation du changement de nom commençait par :

« Madame Champagne… »

J'ai ri à haute voix.

— Quoi ? m'a demandé Félix, du divan du salon.

Je lui ai montré le papier.

— Sont donc bien pas logiques, eux, a-t-il instantanément répliqué. Ils ont pas regardé le changement de nom ou quoi ?

Question légitime, en effet, mon cher enfant en pyjama. Ils n'ont peut-être pas jugé bon de se dire que, si quelqu'un demande un changement d'un nom féminin à un nom masculin en invoquant pour motif une transition, ce serait probablement une bonne idée de changer aussi la formule de politesse… Le système informatique n'est peut-être pas adapté pour des cas comme celui-là, c'est ce que je me suis dit. Je reçois encore des lettres gouvernementales, plus de trois ans après le changement de nom et deux ans après le changement de genre, commençant par « madame ». Heureusement que j'ai un bon sens de l'humour.

J'ai attendu un mois avant de recevoir le certificat de changement de nom. Sans cela, impossible de faire quoi que ce soit. Première étape: permis de conduire et carte d'assurance maladie.

— Tu passes de gars à fille ou le contraire? m'a demandé la dame de l'accueil.

Idem à mon institution financière.

— Tu vas donc avoir l'opération?

L'Opération. Celle avec un grand *O*. La seule et unique! Maintenant, ça me fait rire, mais, sur le coup, devant ces personnes qui s'intéressaient d'un peu trop près à mes organes génitaux, des gens que je n'avais jamais vus auparavant… j'étais ultra mal à l'aise. J'évitais les questions en tentant de ne pas perdre patience. Une fois, ça passe, deux fois, c'est limite, trois fois, c'est trop. Le seul endroit où tout s'est fait sans anicroche, c'est à la pharmacie. L'été précédent, après près de deux mois de testostérone, j'avais changé de pharmacie. L'endocrinologue de Montréal m'avait refait une ordonnance, alors j'ai pu quitter la première pharmacie et aller chez Jean Coutu. Le premier pharmacien faisait vraiment de l'excès de zèle. La testostérone vient dans une petite fiole dont on perce le dessus pour aspirer la dose nécessaire. Après un certain nombre de ponctions, il y a des risques de contamination; il est donc recommandé de la changer, même si la fiole n'est pas vide. Le premier pharmacien ne voulait pas.

— Il t'en reste, je ne t'en donne pas d'autre.

Même après avoir confirmé avec l'endocrinologue, il ne voulait pas. Qu'est-ce qu'il croyait ? J'étais encore un petit gars un peu grassouillet avec un visage d'ado tout juste pubère… Il pensait que je faisais de la contrebande ? J'étais plus susceptible de vendre des peluches de mon magasin de jouets au marché noir que de la testo…

Bref… Nouvelle pharmacie, équipe manifestement plus respectueuse. Après avoir confirmé avec le médecin, tout était beau. Ils ont même changé mon nom dans leur système avant que je n'obtienne l'acceptation de l'état civil.

— J'ai mis ton nom de naissance entre parenthèses. Comme ça, on sait comment chercher le dossier, mais personne ne va se tromper en t'appelant. Quand tu auras ta nouvelle carte d'assurance maladie, viens nous la montrer et on effacera ton autre nom.

Alléluia. Si simple, pourtant.

Quelques mois et quelques centaines de dollars plus tard, j'avais mon passeport. Il avait une durée de vie de deux ans seulement. Si jamais je ne subissais pas d'hystérectomie, mon prochain passeport aurait un *F* dessus. Ça m'a convaincu d'aller de l'avant avec cette chirurgie. J'avais finalement statué sur ce que je voulais pour mon corps. Mais, avant, je devais prendre l'avion pour retrouver mon Angleterre adorée…

DANS MON PANTALON

Vous vous rappelez le jeu enfantin « Dans ma valise ? » Il s'agissait d'un jeu mémoriel où quelqu'un nommait un article qu'il apporterait en voyage, puis le joueur suivant devait répéter cet article et en ajouter un autre. La valise se remplissait de tout plein de choses essentielles (ou non) pour qu'on puisse partir et avancer.

Mon processus décisionnel en ce qui concerne les chirurgies génitales me fait beaucoup penser à ce genre de jeu. J'ai rempli ma valise de trucs dont je pensais avoir besoin, dictés par les autres, leurs expériences et leur avis personnel. Puis, j'ai vidé ma valise pour ne garder que ce qui me semblait essentiel, à moi.

Quand j'ai décidé de prendre de la testostérone, j'ai soudainement réalisé que mon identité homme me permettait d'être exactement comme je me suis toujours senti : un homme gai. Un homme qui aime les hommes. Mais de quoi est fait un homme ? Que désirent les hommes qui aiment les hommes ? Une apparence masculine ? J'allais l'avoir. Un pénis ? Je me suis dit que, pour pouvoir me faire un chum, pour pouvoir naviguer dans la communauté gaie et ne pas avoir l'impression d'être un imposteur et de me faufiler, pseudo-homme, déguisé en l'un des leurs par les avantages de la testostérone, il me fallait un pénis. Un engin le plus réaliste possible, assez gros, de préférence. Les gars gais que je pourrais fréquenter voudraient ça. Alors, je le voulais aussi.

Les critères pour subir les opérations reliées à la phalloplastie régissaient, entre autres, le poids : l'IMC devait être proche du poids santé, donc de 25. Ce qui, dans mon cas, signifiait que je devais peser environ cent cinquante-cinq livres. J'ai commencé à surveiller de près mon alimentation, avec cet objectif en tête. Il n'était plus seulement question de perdre du poids pour être beau et apprécié, mais pour pouvoir avoir un pénis. Lors de ma mastectomie, je pesais cent soixante-seize livres, puis je suis remonté, je suis redescendu, remonté, redescendu à environ cent soixante-cinq lors de mon troisième voyage en Angleterre, en mai 2014, toujours avec ce cent cinquante-cinq en tête, et ce « 148 » inscrit dans mon courriel.

La phalloplastie est une chirurgie très invasive. Au GRS, la technique utilisée est la RFF, ou *radial forearm flap phalloplasty.* Le chirurgien utilise la peau du bras pour former le pénis, allonge l'urètre, ferme la cavité vaginale et, six mois plus tard, connecte l'urètre et place des implants testiculaires. Pour recouvrir le bras, on prend la couche superficielle de la peau de la cuisse. Ensuite, après six autres mois, un dispositif permettant d'avoir des érections est installé.

En bref, trois zones du corps sont touchées, les cicatrices sont non négligeables et les complications, courantes. Les gens que je connais qui ont eu cette chirurgie et qui ont accepté de partager leurs impressions avec d'autres sont très satisfaits et ne regrettent pas leur décision. Ils en avaient besoin.

Mais… En avais-je *réellement* besoin ? La cicatrice ne me faisait pas peur. J'aime les tatouages ; je n'aurais eu qu'à en faire faire un sur mon bras. Avec deux enfants, j'avoue que les trois lourdes chirurgies m'embêtaient, par contre. Impossible de bouger avec facilité, de marcher correctement, de me servir de mon bras. Pour faire les repas et les tâches ménagères, c'était un problème.

Qu'est-ce que je voulais, au fond ? Un pénis, bien sûr, mais… Est-ce que le pénis offert par cette chirurgie me satisferait ? C'est là que le bât blessait. Jamais je ne produirais de sperme. En plus, jamais je n'aurais d'érection par moi-même. Quand je m'imaginais avec mon amoureux… je voyais mon corps réagir au sien… Une phalloplastie ne pourrait me donner ça. Il y avait aussi le problème de la taille. Au début de ma transition, je m'étais acheté un *packer*, un faux pénis qu'on met dans ses sous-vêtements et qui donne le sentiment d'avoir quelque chose *là*, qui donne la forme appropriée à notre entrejambe quand on s'assied. Je n'avais pas aimé ça. Trop gros, même s'il ne faisait que cinq pouces de long. Le pénis des hommes cisgenres prend de l'ampleur quand le flot de sang s'y rend. Il grossit. Et rétrécit ensuite. Rien de tout ça ne se passe avec une phalloplastie.

La taille donnée reste la même, avant, pendant, ou après avoir créé une érection. Et, si on veut pénétrer et avoir un pénis de taille moyenne, il faut être prêt à le traîner dans ses *boxers* en tout temps ! Je n'étais pas à l'aise avec cette idée. Trop gros.

Je voulais un pénis pour mon futur amoureux. Mais je n'en avais pas besoin *pour moi*. Subir ces chirurgies risquées pour plaire à quelqu'un d'autre ? N'avais-je pas passé des années à tenter de correspondre à l'image que je croyais devoir adopter pour d'autres ? Et avec quelles conséquences ? Après avoir vu de mes amis attendre des années pour leur phalloplastie, est-ce que je la voulais à ce point ? Est-ce que mon bien-être en profiterait ? Je me suis rendu compte que la réponse était non. Alors, je ne prendrais pas la place de quelqu'un pour qui cette chirurgie était vitale.

J'ai donc retiré plusieurs trucs de ma valise. Pas besoin de ceci ni de cela. J'avais besoin de quoi, alors ? L'autre option offerte s'appelle la métoidioplastie. Quand on prend de la testostérone, les organes génitaux changent. Il se produit une chose semblable à ce qui aurait dû se produire dans l'utérus de notre mère, pendant la gestation, si notre corps avait évolué pour devenir celui d'un garçon : ce qui est, à la base, le clitoris grossit. Lors de la métoidioplastie, le chirurgien allonge l'urètre, dégage le petit pénis des petites lèvres pour le faire ressortir davantage, referme la cavité vaginale, insère des implants dans les grandes lèvres pour reproduire des testicules.

J'étais satisfait de ce qui s'était produit dans mes *boxers* avec la testostérone. Alors, la métoidioplastie pourrait me convenir… Aucun transfert de peau, une seule région du corps était touchée. Ce qui était intéressant, c'est que le corps conservait sa capacité à avoir une érection par lui-même. Mais aucune pénétration possible en raison de la grosseur limitée, aucune éjaculation.

Si j'étais né comme j'aurais dû… Je me répétais souvent cette phrase au début de ma transition. Il m'a fallu du temps pour faire la paix et arrêter de regretter sans arrêt ce qui aurait pu être… la vie que j'aurais pu avoir. Penser à ces moments qui m'avaient été volés (par je ne sais qui, je ne sais quoi… personne, et rien du tout) me rendait infiniment triste. J'aurais tellement voulu les vivre ! Faire mon *coming out* homosexuel au secondaire, douter, avoir peur… Même les choses négatives, j'aurais voulu les vivre. Mais il m'a fallu faire mon deuil et regarder en avant. Ç'a été d'autant plus vrai lorsque j'ai décidé de ce que je voulais pour mon entrejambe. La médecine, même au mieux de ses capacités actuelles, ne pouvait pas me donner ce qui me manquait. Pas complètement, pas d'une manière qui me satisferait, moi. Il fallait donc que je creuse pour voir avec quoi je voulais vivre. Où était la limite, pour moi ? Qu'est-ce qui m'était essentiel ?

La métoidioplastie était une bonne option. J'ai fait quelques recherches, tout en demandant les papiers nécessaires aux psychologues. Comme pour la chirurgie du torse, il fallait deux papiers de psychologues, une référence d'un généraliste, un papier de l'endocrinologue, en plus d'un papier du gynécologue pour confirmer l'hystérectomie. La psychologue de Gatineau m'avait fait une lettre valide pour toutes les chirurgies. J'ai dû revoir Françoise Susset pour obtenir ma seconde lettre.

— C'est bien, ce que tu me dis, a-t-elle affirmé, après que je lui ai exposé mon processus décisionnel. Il faut se connaître et se demander si on a vraiment besoin de tout ce qui est offert…

— Les gens pensent que, parce que c'est payé, on va prendre les options les plus chères sans réfléchir.

— Et c'est totalement faux, a-t-elle soutenu.

J'ai eu ma lettre, je suis allé porter mon dossier et prendre un rendez-vous préopératoire, juste avant de partir pour l'Angleterre.

Super voyage, des excursions sur la Tamise, une nouvelle visite au Borough Market, qui doit être un de mes endroits préférés dans le monde, un tour dans le village des Jeux olympiques de 2012, et une journée passée au monde d'Harry Potter, où nous avons pu voir tous les décors, les costumes, les maisons. Nous sommes allés à Manchester et à Bristol, puis à Weston-super-Mare, voir la mer Celtique. Comme elle avait tout réservé, Kerstin avait choisi des dortoirs mixtes, pour que nous puissions dormir au même endroit.

— Pas de sexe dans les chambres, a dit l'employé de l'accueil, après que nous avons payé notre dû.

Il tenait la clé dans les airs, nous regardait d'un air suspicieux. Derrière nous, il y avait un groupe d'étudiants, et d'autres voyageurs qui ne manquaient rien de la scène. Kerstin, habituellement si posée et calme, s'est exclamée très fort, manifestement surprise et amusée :

— Mais il est gai !

Merci, Kiki, merci beaucoup.

L'employé a ouvert la bouche, mais aucun son n'est sorti. Heureusement que l'Angleterre est un pays très ouvert… J'ai attrapé la clé avec un « *thank you* » volontairement caricatural avant de soulever le sac de Kerstin.

Après notre retour de Bristol à Londres, Kerstin a dû rentrer en Allemagne. J'ai passé deux journées seul, à écrire sur les tabourets d'un café de Camden Market, au bord d'un canal, sur une rangée de bancs faits de motos coupées en deux. J'ai voulu aller voir Eton College, le lieu d'études de la royauté. Bref, la liberté et le bonheur…

Seul bémol : j'ai essayé d'aller dans un bar gai, mais en suis sorti après quelques minutes seulement. Anxiété. Je n'étais pas encore assez confiant pour m'y sentir à ma place. Je me sentais comme un intrus. Ce n'est que récemment que mon impression a changé.

Treize mois après le début de la prise de testostérone.

À mon retour, j'ai attendu mon rendez-vous avec le docteur Brassard. À la suite de mes recherches, j'avais découvert une nouvelle option: la simple méta. On coupe et retire les petites lèvres, permettant au pénis de ressortir davantage, on insère des implants dans les grandes lèvres. C'est tout. Pas d'allongement de l'urètre – donc impossible d'uriner debout – et la cavité vaginale reste ouverte. Est-ce que j'avais réellement besoin d'uriner debout? Il faut savoir que notre équipement n'est pas tout à fait à la même hauteur que celui des gars cisgenres. Il est parfois ardu d'uriner debout sans baisser son pantalon. Alors, tant qu'à devoir me rendre malgré tout dans un cabinet... aussi bien m'asseoir. Ce qui m'embêtait, c'était davantage le positionnement de mon pénis, bloqué qu'il était entre mes jambes, trop bas. Après mûre réflexion, j'ai choisi la simple méta. Chirurgie somme toute mineure, si on la compare aux autres.

Lors de mon rendez-vous préopératoire, je me suis informé auprès de la docteure Bélanger au sujet d'une opération que j'avais couramment vue être pratiquée aux États-Unis. La *mons resection* allait de pair avec la métoidioplastie ou la simple méta; c'était la routine, là-bas. Il s'agit de retirer de la peau du bas du ventre et du pubis et de remonter la peau restante. Un peu comme une mini-abdominoplastie, mais la peau qui remonte vient du bas et non du haut. Ainsi, le pénis reprend une place très similaire à celle des hommes cisgenres. Avec les pertes de poids et les enfants, j'avais vraiment besoin de ça.

— On n'en fait jamais, ici, a répondu docteure Bélanger. Parce qu'il faut payer et ce n'est pas très courant. Tu pourrais en retirer de grands avantages, mais tout le monde n'est pas un bon candidat. Je pourrais te la faire, si tu le souhaites. Vois avec la secrétaire pour les tarifs.

Verdict: huit mille dollars. Ouch. Je devais réfléchir. J'ai pris le risque de m'informer auprès des cliniques de chirurgie plastique, puisque la *mons resection* est aussi offerte aux femmes qui ont un surplus de poids au niveau du pubis.

— Euh… Je ne sais pas si on peut faire ça pour un gars trans, a répondu une secrétaire. Sûrement, mais… Après, tu auras quoi, comme chirurgie? T'as un pénis?

— Oh, ce serait bien ! s'est exclamé un autre. Tu serais notre premier !

— Une méto-quoi ? a répété un troisième. Qu'est-ce que c'est ?

J'ai vite abandonné cette avenue. Je devais trouver un chirurgien qui s'y connaissait un peu, qui savait comment ma chirurgie suivante serait effectuée, quels en seraient les résultats. Par ailleurs, je n'avais pas tellement envie d'être « le premier » ni un sujet de discussion autour de la boîte de beignes dans la salle des employés parce que j'étais un peu différent des clients habituels. Troisième point qui alimentait ma réflexion : le coût. Ce genre de chirurgie au Québec est coûteux. Les frais afférents, les taxes augmentent le coût de manière presque choquante. Même si je ne dépense pas beaucoup en voyage, je n'avais pas un montant faramineux en banque. Avoir connu cette option auparavant, je ne serais peut-être pas parti en Angleterre la dernière fois.

J'ai contacté plusieurs chirurgiens américains et suis tombé sur le docteur Medalie. Cleveland, Ohio. Il m'a répondu directement, ce que j'ai beaucoup apprécié.

« Envoie-moi des photos de face, des deux côtés, penché par en avant. »

Ce fut fait.

« Je pourrais effectivement effectuer cette chirurgie, mais il te faudrait une plus grande incision parce que tu as un peu de peau lâche. Je fais aussi une petite liposuccion sur les côtés pour avoir un résultat harmonieux. C'est dans mon protocole. »

Il m'a donné son prix. Wow. Disons seulement que, même avec un billet d'avion et une semaine d'hôtel, plus les repas, les médicaments et les gaines, le total était toujours moindre qu'au Québec. Ma décision fut donc prise. J'allais avoir la plus mineure des chirurgies, mais, pour être en paix et en accord avec ce qu'il y avait dans mon pantalon, je savais qu'il me fallait subir aussi une *mons resection*. Sans ça, je ne serais jamais bien dans ma peau.

Mais comment amasser tout cet argent ? *Garçon manqué* venait de paraître, deux mois plus tôt, je n'avais pas de droits d'auteur. Je travaillais encore dans un magasin de jouets, j'avais des prêts et bourses, et c'était tout. Une carte de crédit. J'ai demandé une augmentation de limite. Après des semaines de tergiversations et de remise en question, j'ai fait une collecte de fonds sur Internet pour le tiers du coût total. En échange de dons, j'offrais des services, des bracelets faits main par Félix et moi.

J'avais reçu quelques messages haineux de personnes que je ne connaissais pas. Et puis un est arrivé d'une personne trans. Ça m'a un peu secoué qu'on me reproche d'essayer de financer ma chirurgie. Un de mes grands défauts est l'orgueil ; je déteste demander de l'aide ou montrer mes faiblesses et mes limites. Une autre des raisons pour lesquelles ce projet d'écriture m'effrayait. Et cette collecte de fonds, c'était admettre publiquement mon incapacité à faire les choses par moi-même. Qu'on me lance des noms désobligeants pour cette raison m'a à la fois étonné et peiné, surtout venant de la part de quelqu'un qui vivait une situation similaire. Et puis, j'ai remis les choses en perspective : je demande de l'aide en offrant la mienne en retour, en offrant un service, un objet... J'ai aidé des gens à déménager, à repeindre, à construire des choses, Félix a passé plusieurs heures à confectionner des bracelets, j'ai vendu des livres, des objets, n'ai pas amené les enfants au cinéma pendant plusieurs mois, ai gardé mes bottes qui prenaient l'eau et ne me suis pas acheté de manteau d'hiver... J'ai fait tout ce que j'ai pu et la collecte de fonds a rendu mon objectif plus accessible. Je ne vais pas m'excuser de ma persévérance, c'est ce que j'ai décidé. Le montant amassé était loin d'être suffisant, mais j'en suis grandement reconnaissant, plus que je ne pourrai jamais l'exprimer. Et cette personne qui m'a insulté, je la plains. Quand on veut quelque chose, on va le chercher, peu importe le temps et les sacrifices. Lancer des insultes est une perte de ce temps nécessaire à l'atteinte de nos buts et, surtout, une immense perte d'énergie.

— Mon Dieu, a blagué le chirurgien lors de notre conversation téléphonique. Je devrais aller pratiquer au Canada...

Je venais de lui révéler le coût de la chirurgie ici, à Montréal. Il a soudainement compris pourquoi j'allais faire toute cette route pour le voir.

— Tu dois avoir quelqu'un avec toi en tout temps après la chirurgie, pendant au moins douze heures. Comme tu viens seul, tu devras engager une infirmière.

Alors, ce fut décidé. Avec tout ça, mon hystérectomie s'est faite comme dans un tourbillon. C'était le 15 septembre 2014, à l'Hôpital général juif, avec le docteur Tulandi. Pour moi, il s'agissait d'une formalité. J'en avais besoin pour pouvoir avoir des papiers d'identité conformes. Sans cela, je ne l'aurais peut-être pas subie. Pas à ce moment, en tout cas. Je me suis présenté à l'hôpital seul, tôt le matin. Quand je suis arrivé au bureau d'accueil de l'unité de chirurgie, la dame a cherché mon nom sur sa liste des patients du jour.

— « Champagne, hystérectomie », a-t-elle lu avec un petit rire. C'est pas toi, c'est clair.

Elle a continué à parcourir la liste. Combien de temps devais-je la laisser chercher? Il était tôt, je n'allais pas m'amuser avec cette gentille infirmière.

— C'est moi, en fait, ai-je répliqué.

Elle a haussé un sourcil.

— Ah ben! J'aurais plus dit prostate qu'utérus, mais coudonc!

Ça m'a fait rire. C'est évident que je n'aurai jamais de problèmes de prostate!

On a rangé mes effets personnels dans un coffre fermé, un infirmier m'a amené au bloc, m'a installé sur une civière. J'avais un bracelet en tissu à la cheville, ils l'ont coupé. Triste... Je l'avais acheté à Camden.

Fait amusant (ou pas!), j'ai reçu un appel de l'hôpital Anna-Laberge, quelques jours après le 15 septembre, pour m'informer que ma chirurgie se ferait bientôt.

— Merci, mais c'est déjà fait.

— Oh... On est lents, un peu, hein? a rigolé la femme.

Je n'ai pas dit oui, mais je n'ai pas dit non! Ce n'était pas tellement sa faute, dans le fond.

Dans la salle d'opération, l'anesthésiste a lancé:

— Oh, Champagne... *You are a 1985? Good year.*

Cette fois, j'ai ri. J'étais moins nerveux, il faut croire. J'ai fixé la lumière en haut de ma tête. On parlait autour, j'écoutais les conversations et puis... noir.

Je me suis réveillé dans la chambre. L'infirmière était à mes côtés.

— Bonjour, a-t-elle dit, pas trop fort. Je prenais juste tes signes vitaux.

Dans le lit en face, il y avait un homme qui parlait avec un médecin :

— Et si je fais pas de numéro deux ?

Ça m'a semblé être le truc le plus amusant de la terre. Bon retour à la réalité, Sam !

J'ai été soulagé de voir qu'on ne m'avait pas placé en gynécologie. Je ne me voyais pas être le seul gars parmi les dames. Déjà qu'être seul dans une salle d'attente de gynécologie est vraiment trop bizarre, passer deux journées dans le même genre d'atmosphère… non merci !

— T'as faim ? Le dîner est passé, mais je peux t'apporter un Jell-O. Ou des biscuits soda ?

Je n'avais pas d'appétit. Il était tard, donc. J'avais encore perdu des heures de ma vie sans trop savoir ce qui s'était passé, qui m'avait touché. Décidément, je n'étais pas fan des anesthésies.

L'infirmière est revenue à quelques reprises. Cette fois-ci, j'avais une sonde urinaire et je me sentais gonflé. Elle était mal placée et elle faisait mal. J'aurais presque voulu refaire l'exploit d'aller uriner à la salle de bain si j'avais pu bouger correctement.

À un certain moment, l'infirmière est venue m'expliquer les consignes à suivre pour ma sortie du lendemain. Jamais elle ne s'est trompée de pronoms, jamais elle n'a posé de questions inutiles, jamais elle ne m'a fait sentir que j'étais un cas rare. Je lui en serai toujours reconnaissant. Nous nous sommes mis à parler.

— Faut être qui on est, a-t-elle affirmé. On ne peut se sauver de soi-même. C'est ce que j'ai dit à mon fils quand il a fait son *coming out* : « Tu ne peux pas essayer d'être ce que les autres attendent, tu n'existeras pas. »

J'avais les larmes aux yeux en l'écoutant.

— C'est pareil pour toi. On parle, je ne te connais que depuis quelques heures et je vois bien que t'es quelqu'un qui peut apporter beaucoup aux gens. C'est dans ta manière d'écouter. Tu mérites d'être heureux. D'être bien.

Cette infirmière m'a réconcilié avec le système de santé public. Après quelques accrochages, je ne me sentais pas bien dans ce milieu et je comprenais que certains, avec peut-être un peu moins de confiance ou de lâcher-prise, pouvaient ne pas se sentir en sécurité quand leur identité était toujours mise de l'avant comme une curiosité ou un problème.

Donc, hystérectomie faite. Plus que quatre mois avant l'étape quatre.

LE CERCLE VICIEUX DE L'OHIO

Avant d'aborder la *mons resection,* il faudrait que je parle de *Garçon manqué*. En novembre 2014, je venais de terminer l'écriture d'*Éloi* et j'avais tout plein de projets en tête. Tous mes romans occupent une place spéciale dans mon esprit, pour une raison ou une autre. *Quand le destin s'en mêle* à cause des voyages, *Recrue* pour son aide dans la construction de mon identité... Mais *Garçon manqué*... Il a sans doute été le plus important. Je doute qu'un autre le surpasse. Pas nécessairement sur le plan de la qualité littéraire ; on peut toujours faire mieux... Mais l'impact que ce livre a eu... Jamais je n'aurais pu l'imaginer. Ç'a changé ma vie et ma vision du monde de la littérature.

J'ai toujours aimé les salons du livre, rencontrer les lecteurs, échanger avec les auteurs... À Québec, après la parution de *Garçon manqué,* quelques personnes trans sont venues me parler, mais le livre était tout neuf, personne ne l'avait encore lu. Puis, six mois plus tard... Wow. J'avais bien reçu quelques messages Facebook et quelques commentaires de la part d'amis, me disant que l'histoire reflétait exactement leur ressenti. J'en étais heureux et soulagé, parce que c'était mon but. Que le ressenti prime, que l'émotion soit universelle, ou presque. Et puis, au Salon du livre de Montréal, j'ai été renversé de constater que le personnage d'Éloi était extrêmement puissant. Après des années à étudier la littérature, je connaissais le pouvoir des mots, des protagonistes, la puissance des idées. Je basais mon doctorat sur cette prémisse !

Mais se faire dire :

« Tu m'as sauvé la vie. »

« Je ne comprenais rien avant de lire ça. Maintenant, je peux parler avec ma sœur. »

« J'ai enfin l'impression que j'ai le droit d'exister, grâce à toi. »

« Je voulais mourir, mais plus maintenant. Je suis pas tout seul. »

« Mon fils, je voulais l'aider, mais je savais pas comment. Avec ton livre, on a pu recommencer à se comprendre un peu. »

C'était plus que ce que j'avais cru possible. Tout ça, tous ces mots… Je ne les oublierai jamais. Les visages de ces gens sont gravés dans ma mémoire. Les embrassades avec les mains qui tremblent et les grands sourires… Éloi avait fait tout ça… Il avait changé la vie de ces personnes et de plein d'autres encore. Difficile de demander mieux. Ce sentiment de réalisation, je ne veux pas le laisser s'évanouir. C'est trop précieux. Cette tristesse que je ressentais avant de commencer ma transition, ayant l'impression de ne laisser aucune trace… On peut rayer tout ça. Éloi a eu un impact et va continuer à changer les choses en mieux pendant un long moment encore.

Les salons du livre allaient rester mon moment préféré. L'an dernier, une mère et son fils se sont arrêtés à ma table. Le fils a soulevé *Recrue*, mon premier roman racontant une histoire d'amour entre deux garçons ; la mère a pris *Garçon manqué*.

— Il a onze ans, tu crois que c'est trop jeune ? m'a-t-elle demandé en montrant *Recrue*. C'est un très bon lecteur.

— C'est peut-être sur le plan du contenu…

Je lui ai montré les quelques scènes de rapprochements entre Thomas et Maxence. Ça n'a pas eu l'air de lui poser problème outre mesure. Elle a souri à son fils :

— Ça te tenterait ?

— Ouais, vraiment.

— Je vais aller le payer, alors.

Quand ils sont partis, lui, petit bonhomme du même âge que Félix, et elle, toujours joyeuse, j'étais abasourdi et débordais de joie. Non mais ! C'était génial ! Cet enfant était accepté, compris autant qu'il pouvait l'être, respecté. C'était beau.

Puis un père m'a dit :

— Mon fils est gai et il me l'a avoué il y a deux ans. Je n'ai jamais pu en parler avec lui. Puis, il a mis ton livre sur notre lit, à sa mère et moi. Sans rien dire. Je l'ai lu. Et ç'a débloqué dans ma tête, alors je tenais à venir te dire merci.

Tom, Max, Éloi… Ils ont vraiment tout changé.

Mais bon, revenons aux coupures ! Cleveland, Ohio, 19 janvier 2015. Pour économiser un peu d'argent, j'ai changé mon moyen de transport. Train de Montréal à Toronto, bus de Toronto à Buffalo, bus de Buffalo à Cleveland. Dix-neuf heures de voyagement, dont quatre heures de transit, à deux heures du matin, au fin fond de nulle part. Tellement de joie et de maux de dos… Arrivé à bon port, je me suis installé à l'hôtel. Un endroit défraîchi, classé une étoile. Je ne voulais toutefois que dormir, alors ça m'allait parfaitement. Il était un peu loin de l'hôpital, mais assez près de l'aéroport (impossible de revenir en bus après une chirurgie). J'ai trouvé un supermarché à quelques kilomètres et je me suis acheté de la nourriture pour la semaine. Avec deux chirurgies derrière la cravate, je savais que je ne mangerais pas beaucoup les jours suivant une anesthésie. Le liquide était préférable. J'avais donc apporté quelques portions de protéines en poudre.

J'ai pris un gros repas la veille, et je me suis couché tôt. L'autobus m'a mené à l'hôpital. Un endroit qui m'a semblé petit, très lumineux, tout blanc, comme dans les films. Il y avait partout des affiches d'assurances et de programmes de soutien, et je me suis rappelé que, c'est vrai, là-bas, les gens payaient très cher pour être soignés. Et ça paraissait.

À peine quelques minutes après que j'ai donné mon nom à l'infirmière de l'accueil de l'unité de chirurgie plastique, on a appelé mon nom. On m'a installé dans une chambre, on a pris mes signes vitaux, fait les vérifications d'usage. La chirurgie devait avoir lieu à treize heures trente. Une infirmière est venue me voir quelques minutes avant.

— Je suis désolée, il y aura un petit retard, une urgence dans la salle d'opération. Tu veux que je te mette un film, je peux apporter une télévision. On est vraiment désolés !

J'ai presque ri. Elle avait l'air de se sentir tellement mal à l'aise ! J'ai failli lui dire que je venais du Québec et qu'en bas de huit heures d'attente, c'était bien normal…

J'ai lu un peu en attendant. Je ne sais pas pourquoi, mais je n'étais pas nerveux pour aucune de mes chirurgies ! J'essaie de décrire mon émotion et je n'y arrive pas. J'étais heureux, mais encore ? Soulagé, mais encore ? Aucune crainte, sauf celle de me faire manipuler pendant mon sommeil. Ne pas avoir le contrôle sur mon corps, je déteste ça.

Le médecin est venu faire ses marques sur ma peau : une grande marque d'une hanche à l'autre en forme d'ovale un peu pointu aux extrémités, tout comme les incisions de la mastectomie. Il a fait quelques ronds aux extrémités et au niveau du nombril. Je pesais cent soixante-neuf livres avant de partir pour les États-Unis, je n'avais pas le poids idéal pour ce type de chirurgie. Mais, peu importe à quel point j'aurais voulu maigrir avant mon départ, ma tête ne voulait rien entendre. L'OSFED faisait toujours rage. Même après dix-neuf mois de testostérone et plus de deux ans de transition, je bataillais constamment pour contrôler la nourriture et mon corps. Pour des raisons différentes d'auparavant, cependant. Même si le mal qui m'avait rendu ainsi avait été découvert, les séquelles restaient. Il me semblait impossible de briser le cycle. Les nutritionnistes et les entraîneurs recommandent une perte d'une à deux livres par semaine. Je prenais dix livres en une semaine… et, la semaine suivante, j'en perdais dix… Comme avant, je ressentais une anxiété immense à l'idée de me priver, alors je mangeais trop, puis je réussissais à faire attention, j'exagérais, et je me retrouvais incapable de manger. Cependant, lentement mais sûrement, les choses allaient mieux. Très lentement. Les épisodes n'étaient plus aussi longs, ni aussi intenses, mais l'équilibre était loin d'être atteint.

Je n'ai aucun souvenir de la marche vers la salle d'opération ni de blagues de l'anesthésiste, cette fois. J'ai en mémoire la lumière blanche au-dessus de ma tête, mais est-ce que je l'imagine? Je n'en sais rien. Ce que je me rappelle, par contre, c'est m'être dit: « Essaie de t'en rendre compte, quand tu vas t'endormir. » Je n'y suis pas arrivé. J'ai plongé dans le sommeil pour me réveiller quelques heures plus tard, dans la chambre individuelle où on m'avait installé, avec l'infirmière à mes côtés et une dame noire que je ne connaissais pas assise sur une chaise à ma gauche. Mon cerveau endormi en a déduit que ce devait être l'infirmière qui allait jouer les nounous dans ma chambre d'hôtel.

— Tu peux partir maintenant, a dit la première. Je vais t'aider à te lever.

Euh, pardon? Là, tout de suite? Alors qu'il n'y a pas trois minutes, je devais être en train de rêver à de petits éléphants roses, la bave aux lèvres?

On m'a mis debout. Je n'avais pas mal, mais j'aurais volontiers somnolé encore quelques heures! J'avais la tête qui tournait. On m'a assuré que tout s'était bien déroulé. Je m'en doutais. Sinon, j'aurais eu la chance de me reposer encore au moins deux minutes!

L'infirmière qui devait me raccompagner a mis son bras sous le mien, puis nous avons marché jusqu'à l'entrée.

— Attends ici, je vais aller chercher ma voiture.

Elle était sympathique, elle avait l'air de bonne humeur. Je me sentais gonflé et étourdi. Le chirurgien m'avait mis une gaine qui me recouvrait des côtes jusqu'aux genoux et je sentais un épais bandage sous le tissu qui me recouvrait tout l'abdomen. Deux drains sortaient du bas de la gaine.

Nous nous sommes arrêtés à la pharmacie chercher les antidouleurs et anti-inflammatoires prescrits par le docteur Medalie, en plus d'une bouteille d'eau. J'avais tellement soif, je l'ai bue d'une traite.

Ce qui a eu pour effet, une fois que j'ai été bien installé dans le lit de ma chambre d'hôtel, de me faire vomir pendant cinq bonnes minutes. J'étais vraiment fatigué. Selon le protocole du docteur, j'avais dû cesser de prendre de la testostérone deux semaines avant la chirurgie, pour prévenir une grosse perte de sang, à ce qu'il disait. Comme je n'avais plus d'utérus ni d'ovaires, mon corps fonctionnait sur des réserves d'hormones maintenant épuisées.

Par ailleurs, les antidouleurs prescrits me donnaient des maux de tête et de cœur, alors j'ai cessé de les prendre après la première journée. Mais le mal était fait. J'avais peu d'énergie parce que je n'avais pas d'hormones, il aurait donc fallu que je mange, mais je ne pouvais pas manger beaucoup, parce que j'avais des nausées… ce qui ne me donnait pas assez d'énergie… Cercle vicieux. Ainsi s'est passée ma semaine: entre quatre murs, avec une terrible impression d'avoir été renversé par un semi-remorque.

J'ai marché un peu dans la chambre, courbé comme un vieillard, j'ai regardé la télévision, essayé de corriger *Éloi,* qui devait paraître deux mois plus tard. Pendant les premiers jours, je me suis demandé pourquoi j'étais là…

Et puis, le vendredi, j'ai eu ma réponse. L'infirmière est venue me chercher pour mon rendez-vous postopératoire. On a retiré la gaine et le bandage épais collé à ma peau. J'avais encore les marques de crayon dessinées sur le ventre. J'ai tout de suite vu une grande différence. Mes organes génitaux étaient plus hauts, il n'y avait plus cette courbe féminine sur le devant du pubis. La cicatrice allait presque d'une hanche à l'autre. J'avais toujours eu un peu de peau lâche près du bas du ventre, gracieuseté de Félix et de Tristan, mais plus maintenant. Une des trois cicatrices laissées par l'hystérectomie était aussi disparue. C'était exactement comme je l'imaginais, et mieux encore ! J'ai très bien vu pourquoi la *mons resection* était partie intégrante des chirurgies génitales aux États-Unis. Un monde de différence !

L'infirmière m'a ramené à l'hôtel. Nous nous sommes arrêtés acheter des burgers en chemin. C'était la première nourriture consistante que j'ingérais de toute la semaine. Le jambon, le fromage, les légumes… Mon mal de cœur avait refusé tout ça. Mais un burger gras et pas du tout santé ? Alors, là… Mon estomac n'a pas protesté. Mon corps était un traître.

— Tu ne peux pas prendre le taxi tout seul à cinq heures du matin pour aller à l'aéroport ! s'est exclamée l'infirmière.

Je devais prendre l'avion le lendemain matin.

— Je vais venir te chercher.

Et elle est venue. Le soleil était encore couché, il faisait froid – quoique, selon nos standards québécois, c'était un début de printemps... Elle m'a aidé à transporter mon sac et j'ai traîné mon oreiller. Elle m'a déposé directement à la porte du petit aéroport.

— Ce fut un honneur de te rencontrer. Reste toi-même.

Non mais ! J'ai eu beaucoup de chance de tomber sur elle. Elle a fait bien plus que son travail. On a parlé d'Obama, des voyages, de cuisine. Je suppose qu'elle aurait beaucoup à dire sur le scandale concernant les toilettes et les personnes trans qui a secoué sa région.

Je voyage toujours avec un sac d'armée vert que j'ai déniché dans un surplus, boulevard Saint-Laurent, à Montréal. Incapable de marcher sur de longues distances ni de soulever mon sac, j'avais spécifié que j'aurais besoin d'un fauteuil roulant. Aux États-Unis, qui dit sac d'armée et fauteuil roulant... dit salut militaire et tout plein de :

— Merci pour votre service.

— Merci de protéger notre pays.

Après trois ou quatre phrases du genre, j'ai soudainement compris: les gens croyaient que j'étais un héros de guerre! C'était une position qui se défendait, mais on ne parlait certainement pas du même genre de guerre!

Être à mobilité réduite dans un aéroport a ses avantages. On m'a poussé jusqu'aux douanes, où je me suis levé pour traverser le cubicule de sécurité, cette espèce de douche bleutée qui aurait bien eu sa place dans un film de science-fiction.

— Je peux te toucher? a demandé l'agent.

— Oui. J'ai des drains dans mes poches.

Le chirurgien m'avait dit de le mentionner. Vous savez, des drains, des grenades… la forme est pareille.

De retour dans le fauteuil, j'ai été poussé jusqu'à l'avion. Et puis, à Montréal, un nouveau fauteuil m'attendait. Je suis passé en priorité aux douanes. Cinq minutes et c'était fait. Record. Chaque fois que j'y retourne et que je vois la file s'étirer devant moi, j'y pense et j'ai presque envie de simuler une blessure.

Mon oncle est venu me chercher à l'aéroport. Les enfants étaient très contents de me voir revenir, après une semaine. Je crois qu'ils étaient un peu inquiets. Je n'avais pas de cadeaux, cette fois, ni n'avais envoyé de carte postale; ils savaient que mon absence était différente des autres. Peut-être sentaient-ils que ç'aurait pu mal tourner.

Dès mon retour, je me suis fait une injection de testostérone. Après quelques heures, je me sentais déjà plus énergisé et vivant. La balance indiquait une perte de quatorze livres en huit jours. C'est dire à quel point ce fut difficile.

Durant les semaines qui ont suivi, les résultats sont devenus encore plus évidents. Nous sommes tous faits différemment, et, chez moi, le grossissement du clitoris survenu grâce à la testostérone était caché par mon corps. Mais, avec cette chirurgie, plus de cachette. Tout était bien placé, visible. Accessible. Ben quoi, ça compte, ça aussi ! Je suis un gars, après tout. Un ado, si on se fie à mes taux d'hormones.

Je n'ai jamais regretté cette chirurgie, malgré les coûts, la complexité de l'organisation. Je n'ai pas encore tout remboursé, mais qu'importe. Si c'était à refaire, je n'hésiterais pas une seconde!

MON ANNÉE ?

La convalescence de la *mons resection* a duré deux mois. Pendant ces deux mois, j'ai réussi, à coups de « je ne mange pas », à garder un poids stable à cent cinquante-cinq livres. Et puis vint le temps de ce que je croyais être ma dernière chirurgie : la simple métoidioplastie.

Photo prise en février 2015, deux ans après le début de ma transition.

Je devais me présenter au GRS, à neuf heures, en ce début mai 2015. J'y suis allé seul, cette fois. J'ai eu du soutien tout au long de ma transition, mais je me rends compte que j'ai franchi plusieurs étapes sans être directement accompagné. Peut-être était-ce un moyen de ne pas montrer mes faiblesses, qui sait. Le regard des autres a toujours été important pour moi, et je suppose que d'être très souvent seul dans les moments-clés de ma transition a été un moyen de me réapproprier cette situation, de me retrouver avec mes motivations et mes besoins.

Comme la première fois, presque deux ans auparavant, j'ai abouti dans une salle d'attente confortable. On m'a emmené vers la salle d'opération. Je me souviens de m'être dit encore : « Cette fois, essaie de te rappeler le moment où tu vas t'endormir. » Rien à faire. Après quelques vérifications d'usage, je suis tombé hors service. On m'avait proposé une anesthésie générale ou une rachidienne, qui permet de rester un peu éveillé, sans douleur. J'ai opté pour la rachidienne, seulement parce que j'aime essayer de nouveaux trucs.

J'ai repris conscience dans ma chambre, au milieu de l'après-midi. Désagréable situation. L'anesthésie rachidienne endort ton corps, qui se réveille peu à peu, morceau par morceau. Je ne pouvais pas bouger mes jambes. Le cauchemar d'un hyperactif !

La première chose que j'ai faite, c'est de lever la couverture. Il y avait une serviette pliée au-dessus de mes organes génitaux et un sac de glace était posé dessus. Je les ai soulevés. Deux adhésifs chirurgicaux indiquaient l'endroit où avaient été insérés les implants testiculaires. On avait relâché les liens qui retenaient le pénis, de sorte qu'il était là, plus dégagé, plus… accessible. Plus gros aussi, d'ailleurs. Plus long, plus… « normal ». J'ai tout de suite été satisfait de ce que je voyais. J'ai étiré la main pour voir ce qu'il y avait plus loin. L'entrée avec laquelle j'étais né était toujours là. C'était important pour moi de la garder. Je m'y suis habitué, je ne voyais pas l'intérêt de subir une plus grosse chirurgie, d'engager des coûts supplémentaires et de courir des risques inutiles.

Pendant les deux heures qui ont suivi, les infirmières sont venues me voir à de multiples reprises.

— Oh, tu peux bouger tes chevilles.

— Bon, tout ton pied bouge. C'est bien.

J'avais envie de leur demander si c'était vraiment nécessaire qu'elles se déplacent toutes les dix minutes. Il n'était pas question que je me mette à danser avant au moins quelques semaines, alors…

En soirée, mes jambes réveillées, j'ai marché un peu, les cuisses écartées comme un cowboy qui a passé toute la journée sur son cheval. Très chic. D'autres gars trans étaient assis près du bureau des infirmières, devant la télévision, écoutant le hockey. On traînait tous soit un sac de glace, soit une perfusion, et on bougeait tellement lentement ! On devait être beaux à voir…

Une semaine plus tard, lors de mon rendez-vous postopératoire, la docteure Bélanger a confirmé ce dont je me doutais depuis un moment : mon implant testiculaire gauche était un peu dégonflé, signe qu'il y avait une fuite. Je savais que je devrais donc repasser sous le bistouri pour le faire changer un jour ou l'autre. Pour le moment, aucun risque et, comme j'avais subi trois chirurgies en neuf mois, je voulais faire une pause et m'éloigner des tables d'opération.

Je voulais me concentrer sur les études, sur ma vie qui, j'avais l'impression, pouvait commencer. Avant cette chirurgie génitale, je n'osais pas m'approcher des autres hommes, avoir une relation sérieuse avec quelqu'un. J'ai rencontré des hommes, mais je n'ai pas voulu m'engager. J'avais le sentiment de ne pas être tout à fait apte à être aimé. Comme si je demandais à quelqu'un de m'accepter avec des caractéristiques *A* et *B* et que j'allais changer les règles à chaque chirurgie. Je m'aimais davantage qu'au début de la transition, mais je ne me sentais toujours pas à la hauteur. Pas une bonne fille, pas un bon homme. Tout ça, c'était dans ma tête. J'étais adéquat, je méritais du respect, de l'amour, et de me sentir bien dans ma peau.

J'ai entamé mon troisième été avec un poids de cent soixante-cinq livres. J'engraissais tranquillement, incapable d'adopter de saines habitudes. Lors de mon troisième défilé de la fierté, j'étais à cent soixante-dix, en septembre, cent soixante-quinze…

L'automne 2015 a été marquant. Non pas dans ma transition (un seul rendez-vous chez le chirurgien, pour planifier ma chirurgie correctrice), mais parce que j'ai été le lauréat de deux prix importants : la bourse Dorais-Ryan, remise au projet de maîtrise ou de doctorat portant sur des thèmes LGBTQ qui apparaissait le plus important dans l'ensemble du Québec, ainsi que le prix AQPF-ANEL, remis à des auteurs québécois choisis par un jury composé d'enseignants. De grandes marques de reconnaissance liées à deux sphères de ma vie… à ma vie tout entière, maintenant.

Je travaillais de nouveau en sous-titrage, j'écrivais, j'étudiais… Il y avait eu un tournant: je ne me sentais plus en transition. Mon identité était complète, comme un casse-tête enfin terminé. On aurait dit que, bien qu'il y eût encore des problèmes à régler, je savais très bien que ça n'avait rien à voir avec le fait d'être trans. Je suis assez fier d'avoir eu la maturité de reconnaître ces enjeux dès le départ et d'avoir pu les départager. Ce serait facile d'imputer l'OSFED à ma transidentité, et ceci et cela, mais ce serait faux. Tout part de la transidentité, mais, quand les problèmes continuent, il faut savoir se remettre en question et poser les gestes qui s'imposent.

Alors, ces deux prix m'ont confirmé que j'étais plus. Que j'étais autre chose qu'une personne trans. Que je pouvais maintenant trouver ma raison d'être ailleurs que dans mon identité que je revendiquais si ardemment. Je le savais, tout ça. Mais je crois que j'avais besoin que d'autres me le disent. Mon doctorat m'apportera une satisfaction personnelle, c'est certain, mais il ne me donnera pas un travail ni la renommée. Je le fais pour les autres, pas pour moi. Je n'ai pas besoin de ce diplôme, en réalité. La valeur d'une personne ne se mesure pas avec des bouts de papier. Mais je veux faire avancer la cause de la littérature LGBTQ pour la jeunesse. Cette bourse m'a convaincu que prendre six ou sept ans de ma vie pour ce doctorat en valait la peine.

Et ce prix ! Je n'aurais pas été plus heureux s'il m'avait été décerné par un jury composé de critiques littéraires réputés. Que *Garçon manqué* soit reconnu comme une histoire qu'il est possible, voire souhaitable d'enseigner à des élèves du secondaire m'a rempli de joie et d'espoir. Bien sûr, il y a des horreurs partout, mais… ces gens, ces professeurs, ils étaient ouverts, ils étaient réceptifs. C'est tout ce qui comptait pour moi.

Et puis, j'ai reçu le Prix relève du CMCC – La Fabrique culturelle, remis à un artiste de la région de la Montérégie tout entière. Peu importe le type d'art… Ça en fait, du monde ! Déjà, quand j'ai su que j'étais finaliste, je n'en croyais pas mes oreilles. Et puis, à la soirée des remises, en écoutant les biographies impressionnantes des autres personnes en lice, je me suis dit : impossible que je gagne. Mais j'avais tort. C'était fou ! Même aujourd'hui, je ne le réalise pas encore. J'y repense et mon cœur se serre. On dirait que c'est arrivé à quelqu'un d'autre. J'aime écrire, j'aime raconter des histoires, j'aime apprendre. Je le fais pour ces raisons, à la base. Alors, pourquoi me donner des prix ? C'est tout un honneur. Un honneur irréel.

En mai 2016, on a remplacé mon implant, et puis j'ai un peu fermé la porte sur la transition. Ç'a clos ce chapitre de ma vie, bien que, dans les faits, ce chapitre n'ait pas de fin. Je n'ai jamais regretté mon choix de chirurgie. D'accord, deux ans seulement se sont écoulés depuis, mais rien en ce qui concerne mes organes génitaux ne me semble problématique, maintenant. J'ai fait le deuil de ce pénis avec lequel j'aurais dû naître, et je me contente très bien de la version que j'ai en ce moment. Qui sait si, lorsque la technologie aura évolué et que les enfants seront grands, je ne me lancerai pas dans le processus de la phalloplastie ? Mais j'en doute.

Peut-être est-ce le stress de la transition qui m'a gardé dans les griffes de l'OSFED, même après que mon mal-être a lentement dominué. Peut-être n'avais-je pas assez d'énergie pour attaquer deux problèmes en même temps, et je suis allé au plus pressant. Toujours est-il que, après cette cinquième chirurgie, les choses ont commencé à aller mieux pour moi, côté nourriture et entraînement. Ce n'était pas parfait, il m'a fallu des mois avant que les extrêmes s'atténuent, jusqu'à ne plus être la norme. J'ai atteint une sorte d'équilibre. La nourriture restera à jamais une chose dont je me méfie, mais elle n'est plus mon ennemie jurée. Le sport est devenu un moyen de dépassement, d'expériences.

J'ai finalement atteint ce «148» que j'avais inscrit dans mon courriel au début de ma transition, et l'ai même dépassé. Tous les jours, je dois me souvenir, cependant, de ne pas trop en demander, d'être heureux de ce que j'ai. Tant de fois j'ai poussé trop fort la machine (ma tête), alors que j'étais à un poids satisfaisant, et j'ai dérapé. Et, plus tard, je regrettais tellement ce moment où mon poids était bas, mais où je me plaignais malgré tout. Alors, cette fois, je ne ferai pas cette erreur. Je ne suis pas guéri, c'est impossible. Disons que je suis en rémission.

MA SŒUR ET LES HOMMES

J'ai une sœur.

Surprise.

C'en fut une pour moi aussi, honnêtement. Je ne l'ai appris que l'an dernier. Elle s'appelle Nadia et vit en Autriche. Elle a une dizaine d'années de plus que moi.

Je me souviens, quand j'étais petite, qu'elle a appelé chez nous.

— *Hi, this is the Champagne's home**?

La communication était mauvaise, on aurait dit que la voix venait de très, très loin. J'avais huit ou neuf ans, je ne comprenais pas ce que cette femme voulait. J'ai donc remis le téléphone à ma mère. Quand elle a raccroché, elle a dit:

— C'était Nadia, elle cherchait ton père. Elle vit en Autriche.

* « Bonjour, je suis bien chez les Champagne ? »

Comme mes parents étaient séparés, j'étais au courant que mon père faisait ce qui lui plaisait en voyage. Je ne savais pas, alors, qu'il ne partait plus dans des pays étrangers et que cette Nadia faisait partie d'une vie antérieure. Je croyais que c'était une femme que mon père voyait de temps à autre quand il était là-bas.

À partir de ce moment et jusqu'à l'an dernier, je me suis rappelé cet appel comme une incursion dans le passé amoureux de mon père. Comme j'avais tort ! Pourquoi me suis-je souvenu de cet appel plus que d'autres ? Je ne saurais dire. Pourtant, mon père, qui ne m'avait jamais amené chez lui (je soupçonne que son appartement ne lui semblait pas à la hauteur, que sa fierté n'aurait pas tenu le coup), recevait souvent des appels et du courrier chez nous. J'ai oublié tous les noms, tous les accents. Mais Nadia, je ne l'ai pas oubliée.

Et puis, l'an dernier, alors que j'écrivais le début de ce livre, j'ai mentionné Nadia à ma mère, lui demandant si elle savait combien de temps mon père avait vécu en Autriche.

— Je ne sais pas, a-t-elle répondu. Quelques années, au moins. Le temps d'avoir un enfant, en tout cas.

Pardon ? Et c'est de cette manière que j'ai appris que j'avais une sœur aînée. Ça n'a pas bouleversé ma vie et ne m'a pas ému outre mesure. Je ne la connaissais pas, elle ne me connaissait pas. Mécanisme de défense : je ne m'attache pas, car qui sait ce qu'elle va penser de moi ? C'est ce que je croyais. Et puis, ma mère m'a raconté de quoi il avait été question durant cet appel.

— Nadia cherchait ton père. Son père aussi, donc. Elle voulait des nouvelles. Quand je lui ai dit que j'allais transmettre le message à Hamadeus, elle a demandé : « Est-ce que je peux parler à ma sœur ? »

Alors, elle était au courant de mon existence ? Elle avait environ vingt ans, à l'époque. Avait-elle toujours su que j'existais ?

— Je lui ai dit que tu ne parlais pas anglais, m'a expliqué ma mère.

— Et toi, tu parles anglais ? lui ai-je renvoyé à la blague.

— Mon accent est bien correct, OK ? a rigolé ma mère.

Et ce fut tout. J'ai pu compléter ce souvenir avec ses explications. J'ai laissé les choses aller, puis je me suis dit, en septembre dernier, que ce serait bien d'apprendre à connaître Nadia. Je lui ai envoyé un message Facebook (ma mère a confirmé que c'était bien elle), lui rappelant son appel, mentionnant le nom de mon père et lui disant que j'étais trans, que c'était la raison pour laquelle mon prénom ne concordait pas avec ses informations d'alors. J'essaie toujours de la joindre. Sa page n'a pas été mise à jour depuis 2014. J'ai contacté ses amis, mais j'attends encore. Peut-être que je ne pourrai jamais lui parler. Ça me rendrait un peu triste, j'avoue. Parfois, je regrette de ne pas avoir eu de frères ou de sœurs proches de moi. J'aurais peut-être compris avant, qui peut le dire, que mon sentiment n'était pas normal. J'aimerais avoir l'occasion de connaître Nadia.

Il y a quelques mois, tout en poursuivant les démarches pour retrouver ma sœur, j'ai décidé de renouer avec Véronique et Sophie. J'avais envie de voir où elles en étaient dans leurs vies, et comment elles réagiraient à ma transition. Nous nous étions croisées à quelques reprises dans les années précédant ma transition, mais n'avions pas gardé le contact, et je ne les avais pas vues depuis cinq ans. J'imaginais toutefois qu'elles étaient toujours amies, qu'elles se fréquentaient régulièrement. Je les ai contactées par Facebook et, passé la surprise initiale, on a pu se remettre à discuter. Bien sûr, rien n'est comme avant. Et ce n'est pas parce que je suis trans. Elles m'ont posé des questions, c'est certain. Je pouvais deviner qu'elles cherchaient des indices dans le passé, elles se demandaient : « Est-ce que j'aurais pu savoir ? » Je crois que la réponse est non. Je ne leur ai jamais parlé de mon malaise, ai enfoui le négatif pour ne montrer que le positif ; comment auraient-elles pu comprendre ? Avant moi, surtout ? J'aurais aimé être plus transparent à l'époque, pour qu'elles me questionnent. Je me serais ainsi épargné plusieurs années de doute et de mal-être. Mais rien n'est jamais aussi simple.

Bref, nous discutons, et j'en suis bien heureux, même si les choses sont différentes. Jamais plus nous ne serons aussi proches qu'avant. Plus d'une décennie a passé, après tout…

Aujourd'hui, comme il y a quinze ans, je suis plus près de Véronique que de Sophie. Nous nous plaisons à nous remémorer des moments ici et là, et je me rends compte que nos souvenirs évoquent des émotions de réconfort et de solidarité. On se souvient du magasinage de nos robes de bal, des regards des garçons, de ces fois où nous tentions de nous entraîner ensemble. Véronique a une très bonne mémoire, et elle m'a rappelé plein de trucs que j'avais totalement oubliés ! Pas parce que ça faisait mal… Seulement… le temps passe.

Dans un autre ordre d'idées, après quelques années de testostérone, je me suis senti plus à l'aise dans les milieux presque exclusivement réservés aux hommes gais. J'y ai lentement pris ma place. Je n'ai jamais été un imposteur, mais me suis longtemps senti comme tel. Je crois que ç'avait à voir avec ma capacité de plaire aux hommes qui s'y trouvaient. Durant mon premier été, quand je marchais dans le Village, par exemple, les regards qui se posaient sur moi étaient ceux des femmes lesbiennes ou bisexuelles. J'avais l'air d'une femme très masculine. Durant le deuxième été, des hommes me regardaient. Quelques-uns, ici et là. Et puis, l'an dernier, durant le troisième été, les regards se sont faits plus nombreux, plus insistants, plus approbateurs. Pas qu'il soit important que les autres hommes me remarquent pour que mon identité d'homme soit valide, ce n'est pas ça ! Mais ça me donne certainement l'impression de faire partie de la gang, d'être un parmi tant d'autres, et c'est ce qui m'a manqué au début, et ce que je voulais vraiment depuis l'école secondaire.

Je dirais qu'être trans est devenu un peu secondaire pour moi. Mon homosexualité m'est plus chère, et je n'ai aucun problème à dire que je suis gai. Mais je ne dis que rarement que je suis trans. Que lorsque c'est nécessaire, en fait. Lorsque je rencontre un gars qui me plaît, par exemple. Depuis ma transition, j'ai fréquenté quelques personnes de manière sérieuse, d'autres de manière plus relax. Ce n'est pas facile de bâtir une relation avec quelqu'un, tout le monde sait ça. Quand on ajoute un corps non conforme aux idées de genre habituelles, c'est plus complexe. Et quand on ajoute une attirance minoritaire dans le lot, on réduit encore les possibilités. Additionnez à cela deux enfants, et le nombre des intéressés est presque nul.

Ce n'est pas un problème pour moi de ne pas trouver de partenaire aussi facilement qu'avant ma transition. Auparavant, je n'approchais pas les gars, ils m'invitaient. Maintenant, je dois faire plus d'efforts, et ça me convient. Je dois apprendre à m'affirmer. Au début de la transition, je me sentais mal à l'aise d'aller dans les bars réservés aux hommes qui aiment les hommes, de me présenter à des événements qui n'étaient pas uniquement destinés aux personnes trans. Comme si je n'avais pas encore obtenu ma carte de membre de ce club sélect qu'est celui des hommes gais. Je comprends maintenant que je n'acceptais pas mon corps totalement, que je devais encore me battre avec ma tête pour lui faire saisir que oui, j'étais digne d'avoir une place dans ce groupe, que oui, j'étais assez bien. Le temps a fait son œuvre, encore une fois. J'ai mûri, j'ai appris à ne plus prêter attention aux jugements que les autres pourraient porter sur moi et à ne plus dépenser d'énergie à essayer d'être autre chose que ce que je suis. Depuis… tout a changé. On m'approche davantage, je me sens en confiance, et je crois qu'on apprécie ma présence. Comme quoi le lâcher-prise a du bon !

Bien sûr, être différent n'est pas sans risque. Quand on révèle son identité trans à autrui, on s'expose aux questions, aux moqueries, aux insultes.

— Comment on coucherait ensemble, hein ?

— Donc, t'as un pénis ou pas ?

— Je suis gai, moi, je baise pas les filles !

— Ma mère me tuerait si je sortais avec une fille ! Déjà que mon *coming out* a été dur pour elle, tu comprends ?

— Un autre *weirdo* ! *Fuck that !*

— Wow, j'ai toujours voulu essayer ça, un gars trans !

« Ça » ? J'ai toujours voulu essayer ça, le parachutisme. « Ça » est une chose, pas une personne ! J'ai entendu cette remarque plusieurs fois, souvent formulée avec maladresse. Ma situation, relativement rare, étonnait les gars, parfois au point que leur logique s'en trouvait affectée, semble-t-il. Je trouvais particulièrement amusant qu'on affirme ne pas vouloir être avec une fille alors que c'est rarement moi qui approche les gens. Je suis trop gêné pour ça, mais j'y travaille. Alors, si tu m'as approché, c'est que tu me trouvais de ton goût, non? Et là, tout à coup, je suis une fille à tes yeux? Hum.

Bien sûr, mon corps est différent, il a des cicatrices, il faut être prêt à accepter ça. Le refus n'est pas une insulte pour moi; je comprends que certains hommes aient envie d'un organe semblable au leur, ce que je n'aurai jamais. Qu'on me réduise au corps que j'avais à la naissance m'indispose plus que le refus poli.

J'ai quand même rencontré plusieurs personnes très intéressantes, qui sont devenues des partenaires, ou des amoureux, sinon des amis. Dans un cas ou deux, il s'agissait d'hommes hétéros qui se sont bien rendu compte que, bien que j'aie eu un *F* sur mes cartes à un certain moment, j'étais un homme.

Il y a eu ce monsieur, beaucoup plus âgé que moi, qui me draguait au gym avant ma transition. Il m'avait déjà invitée à sortir et j'avais prétexté que j'étais trop occupée. Et puis, quand j'ai changé et commencé les hormones, il a réitéré sa proposition.

— Tu sais que je suis un gars, hein?

— Ça me dérange pas.

— Je savais pas que t'étais…

— Ben non, a-t-il réfuté avec un mouvement de la main.

Il m'a fait un clin d'œil.

— Mais on peut quand même…

Ne voyait-il pas le poil sur ma mâchoire, n'entendait-il pas ma voix plus grave? Mais il remarquerait sans doute mon torse cicatrisé et autre chose… Il ne m'intéressait pas, alors ce n'est pas allé plus loin, mais j'ai rencontré plusieurs gars, depuis, qui m'ont abordé en pensant que me fréquenter serait comme fréquenter une femme. Ou coucher avec une femme. Désolé, les mecs… Un gars trans ne produira pas d'étincelles chez eux s'ils ne sont pas bis ou gais, peu importe à quel point le gars en question est fabuleux (c'est moi, ça.)

Certaines personnes, qui n'ont pas voulu me fréquenter à cause de ma transition, étaient des hommes gais qui avaient besoin de plus que ce que je pouvais leur donner. Cette deuxième catégorie a été moins courante qu'on ne pourrait le croire. On a longtemps réduit les hommes gais à des êtres hypersexualisés et très phallocentrés. Je pensais ainsi, au début; je voulais un pénis pour être un bon partenaire. Certains sont très fermés, beaucoup sont très ouverts. J'ai vécu quelques belles histoires depuis le début de ma transition. J'ai dû ravaler mes préjugés. Les enfants semblent être un plus gros obstacle à surmonter que mon corps aux différentes possibilités.

Mais toujours est-il que, finalement, après toutes ces années, presque vingt ans après m'être dit « dommage que ce gars ne soit pas gai » sans comprendre d'où me venait cette récrimination, je suis enfin à ma place et à l'aise. Tenir la main de mon amoureux ou de ma fréquentation dans la rue m'apporte une grande plénitude. Les gens qui nous regardent ne savent pas tout ce que j'ai traversé pour en arriver là, pour qu'ils me voient tel que je suis réellement. Je ne sais pas non plus ce qu'ils ont vécu ; rien n'est jamais aussi simple qu'il y paraît. Mon corps reflète ce que je suis, les personnes avec qui je suis en relation reflètent ce que je suis, je suis bien dans cette situation, peu importe les préjugés que les gens peuvent avoir contre l'homosexualité. Je suis conscient de ma chance et je ne tiens rien pour acquis. Et, quand je suis face à un homme qui réfute mon identité, ou qui a des idées préconçues et archaïques, je sais qu'il en existe d'autres qui sont ouverts, respectueux, et pour qui un homme trans est un homme, tout simplement.

ANECDOTES

Durant les quatre dernières années, il s'en est passé, des choses ! La transition m'a sauvé la vie, m'a fait rager, crier, pleurer (de joie et de peine), mais m'a aussi beaucoup fait rire. Ce n'est pas tant mes changements physiques et émotionnels qui m'ont fait rigoler que les commentaires des gens, parfois. Apparemment, apprendre que je suis trans donne lieu à l'ouverture d'un coffre dans lequel toutes les questions indiscrètes trouvent leur réponse, et plusieurs personnes pigent dedans sans y penser à deux fois.

En plus de susciter des questions indiscrètes, il y a eu plusieurs moments où le fait d'être trans m'a mis dans des situations compliquées ou cocasses. J'ai donc pensé que ce serait intéressant de faire un petit chapitre pour relater ces moments. Je sais que certaines personnes auraient pu se sentir menacées dans quelques-unes de ces situations, et je ne peux pas dire que j'ai toujours été très à l'aise, mais j'ai appris assez tôt – probablement vu que j'ai été, pendant un temps au secondaire, populaire, et puis impopulaire – à ne pas laisser les gens penser qu'ils ont du pouvoir sur mes émotions. J'ai appris à être relativement peu incommodé par les moments gênants, et à répliquer de manière à ce que la conversation ne dérape pas et qu'il soit clair qu'une certaine ligne a été franchie. J'avoue, j'ai un faible pour le sarcasme. Le sarcasme et la poutine.

Au début de ma transition, j'ai recommencé à fréquenter le gym. Avec mon surpoids (et les courbes qui en découlaient), j'ai longuement hésité avant de changer de vestiaire. Je ne m'identifiais pas comme femme, alors pourquoi aller à cet endroit ? Au départ, j'ai opté pour les toilettes des dames. Mais pas longtemps. J'avais le sentiment que je les mettais mal à l'aise. Il s'agissait peut-être d'une impression non fondée, mais je ne me sentais pas bien dans cet environnement. Et il faut avouer que les femmes ont moins de scrupules à se regarder entre elles et à se comparer. Ce n'était pas ma place. J'ai alors enfin osé entrer dans le vestiaire des hommes. La tête haute, sans gêne. J'allais dans les toilettes et me changeais, mettais mes vêtements dans une case et ressortais.

Quelques mois plus tard, Céline, à l'accueil, m'a arrêté alors que je partais. Elle avait l'air amusée.

— Un homme est venu me voir pour me dire qu'il y avait une femme dans le vestiaire des hommes.

J'avoue, ça m'a agacé. J'avais hâte que la testostérone fasse son travail et que personne ne me remarque. J'avais quelques poils au menton, la voix un peu plus grave, le corps un peu moins « courbu », mais ce n'était pas encore suffisant, il faut croire.

— C'est qui ? ai-je demandé.

— C'est un nouveau membre.

— Tu lui as dit quoi ?

— Que j'allais vérifier ça.

Elle a laissé échapper un petit rire.

— Qu'est-ce que tu voudrais que je fasse, hein ? Je te connais, et il a qu'à garder les yeux sur son nombril.

C'était la preuve que la transidentité est quelque chose de tellement méconnu qu'il ne vient pas à l'esprit des gens que la personne qu'ils croisent dans un lieu réservé aux hommes ou aux femmes est peut-être transidentitaire et a parfaitement le droit de s'y trouver, malgré son apparence ambiguë.

Plusieurs autres incidents me sont arrivés dans les vestiaires, surtout après ma chirurgie du torse, alors que j'avais arrêté d'utiliser les toilettes pour me changer.

— Qu'est-ce que tu t'es fait ? me demandait-on en désignant mes cicatrices.

J'inventais toujours une réponse idiote.

— Double pneumectomie.

— Ouch, hein…

— C'est un miracle que j'aie survécu.

Double pneumectomie = retrait des deux poumons. Ce n'est pas quelque chose qui existe, et certainement pas une intervention à laquelle quiconque survivrait. À moins d'avoir des branchies.

Souvent, l'homme riait et la conversation se terminait là. Parfois, il insistait, je l'ignorais ou lui disais que c'était personnel. Ces cicatrices sont les marques les plus apparentes de ma transition. J'ai tenté d'effacer tout autre indice. Les trous dans mes lobes d'oreille sont devenus des *stretchs*, les tatouages plus féminins (papillon et fée) sont devenus une carte de l'Angleterre et une immense horloge, j'ai travaillé extrêmement fort pour faire disparaître toutes les courbes de mon corps. Mais ces cicatrices, elles seront toujours là. Tous les étés, à la plage ou aux glissades d'eau, on les regarde, on les montre parfois du doigt.

Il y a trois ans, à Calypso, en Ontario, il m'est arrivé deux trucs étranges en l'espace de quelques minutes. J'étais avec Félix en haut d'une glissade dans laquelle nous devions embarquer dans un bateau circulaire pour quatre personnes. Derrière nous se trouvaient une mère et son fils, âgé de dix ans, tout au plus. On nous a placés ensemble pour le prochain bateau.

— Je pense que c'est un homme qui était une femme avant, a dit le petit garçon.

— Peut-être, a répondu la dame. Ça ne nous regarde pas, on va juste avoir du plaisir ensemble. Pas vrai ?

— Ouais !

J'ai été surpris qu'un enfant sache ce que mes cicatrices signifiaient. Il devait connaître des gens au parcours similaire. Comment, sinon, aurait-il compris alors que, presque tous les jours, au gym, des adultes n'avaient aucune idée de ce que ces marques signifiaient ? Et puis, sa mère… Quelle belle réponse. Respectueuse et ouverte. Je lui ai souri, on a glissé, et les enfants étaient contents.

Puis, Félix et moi nous sommes rendus à une glissade où on doit se placer sur le ventre. Je m'étais fait opérer neuf mois plus tôt et mon torse était encore insensible à plusieurs endroits. D'autres étaient un peu douloureux quand on les pressait trop fort. Me placer sur un mince tapis et rebondir pendant une centaine de mètres n'était pas une bonne idée. Félix est allé seul. Je l'ai attendu au bas de la glissade. À peine quelques secondes après qu'il a commencé à monter les marches, quelqu'un m'a tapé sur l'épaule.

— Excuse-moi, mais… Je suis trans aussi. Salut.

Un garçon m'a tendu la main. Il a désigné mes cicatrices et m'a dit qu'il entamait ses démarches. Que c'était la première fois qu'il voyait un autre gars trans. On a discuté pendant quelques minutes, le temps que Félix revienne, puis reparte, puis revienne.

Depuis, j'ouvre l'œil. Je n'ai effectivement jamais vu quelqu'un avec les mêmes cicatrices à la plage ou aux glissades d'eau. J'ai fait la paix avec les regards, même si je préférerais ne pas avoir à les subir. Je ne me cacherai jamais, ça, c'est certain !

Aux élections, après mon changement de nom, j'ai dû aller faire corriger les informations sur ma carte d'électeur. Il y avait mon nom de naissance, et ce prénom ne figurait plus sur aucune de mes pièces d'identité.

— Mais tu es quoi, au juste ? m'a demandé le préposé quand je lui ai expliqué le problème de concordance.

Je suis quoi ? Je suis un humain. *Homo sapiens*. Je ne suis pas une chose, monsieur.

— Tu changes pour quoi ?

J'aurais bien « transitionné » pour être une loutre, mais ce n'était pas une option.

Bien sûr, je n'ai rien dit de tout ça. Je lui ai montré de nouveau mon certificat de changement de nom. Sa collègue lui a lancé un regard par en dessous.

— Il faut que ma carte ait « Samuel » dessus. C'est mon nom, maintenant.

— Alors, tu deviens un gars ? T'as eu la chirurgie ?

— Vous avez besoin de voir pour changer ma carte ?

Le gars a marmonné « ben non ». J'ai doucement poussé du doigt mon certificat de changement de nom et lui ai renvoyé un sourire figé.

— Dommage, j'aurais tellement voulu vous montrer ça.

Sa collègue, jusque-là silencieuse car occupée avec un autre électeur, a éclaté de rire. Quand j'ai tourné les talons, après avoir obtenu ma confirmation, elle lui a lancé : « Non, mais t'es con, ou quoi ? »

J'avoue, ça m'a fait du bien.

Quelques mois après le début de ma transition, un homme âgé, dans le vestiaire du gym, m'a lancé :

— Vous savez que vous êtes dans le vestiaire des hommes, madame ?

La testo commençait lentement à agir, j'avais perdu environ vingt livres, je me sentais bien. Sa remarque n'avait alors pas réussi à m'embarrasser. J'ai répliqué :

— Content de voir que personne ne s'est trompé de vestiaire.

Et j'ai réappuyé sur le bouton du séchoir, noyant dans le bruit toute autre remarque potentielle.

Toutefois, deux ans plus tard, j'ai vécu un nouvel épisode avec cet homme. Il n'y avait alors aucun doute possible sur mon identité. Personne ne me donnait du « elle ». Ce jour-là, j'ai mis mes effets dans une case sans la verrouiller et suis allé m'entraîner.

Quand je suis revenu, il y avait un gros cadenas orange sur la porte. J'ai demandé aux deux hommes présents s'ils savaient à qui il était. Pas de chance.

J'ai fait le tour du gym pour interroger les gens que je connaissais. À court d'options, je me suis rendu à l'accueil, où j'ai demandé les pinces à Céline en lui expliquant la situation. Quand je suis revenu au vestiaire, la case était ouverte et le vieil homme était assis devant, me regardant tenir les pinces.

— Désolé, j'ai mis mon cadenas sur la mauvaise case !

Il trouvait ça comique. Ce n'était pas grave, juste une erreur. J'allais dire exactement ça quand il a ajouté, prenant à témoin les autres hommes qui étaient assis avec lui :

— Elle aura pas besoin de le casser.

Pardon ? Il m'avait manifestement vu changer au cours des ans, mais était-ce une raison pour, et d'un, ne pas respecter mon identité, encore plus évidente maintenant, et de deux, me rendre vulnérable devant la quinzaine de personnes présentes dans le vestiaire ? Parce que c'est de ça qu'il s'agissait. Il y a toujours un danger potentiel et utiliser les mauvais pronoms, dévoiler l'identité trans de quelqu'un, peut tout faire basculer.

Il en a rajouté :

— Elle est probablement assez forte, maintenant. Mais c'était juste une erreur. C'est que madame a pris ma case habituelle.

J'ai eu envie de répliquer que, avec pas un poil sur le caillou, ni dans le visage, son ventre rond et ses seins, il faisait une meilleure femme que je ne l'avais jamais fait.

J'ai pris mon chandail et je suis sorti en balançant les pinces. Il ne méritait pas que je gaspille davantage de salive. On s'est recroisés à plusieurs reprises et, souvent, il faisait semblant de lever un chapeau, faussement galant, avant de me lancer « mademoiselle » avec une petite révérence. J'y repense et, je l'avoue, son acharnement me fâche encore.

Il y a eu de nombreuses occasions où les gens, surpris par mon identité, m'ont fait rire ou rager un peu. Pendant les deux premières années, au moins une fois par semaine, j'ai eu droit à des commentaires ou à des questions. Heureusement que j'étais bien dans ma tête, sinon ça m'aurait épuisé, je pense.

REGRETS

On a tous des regrets. Ceux qui n'en ont pas mentent ! Qu'ils soient petits ou grands, qu'ils nous titillent de temps à autre ou qu'ils nous frappent en plein visage tous les jours, les regrets font partie de notre vie. Il faut choisir. On les laisse nous consumer ou on chemine avec eux. Les deux options sont très difficiles à départager.

Décider d'accepter ses choix et d'avancer reste ardu. Il faut vivre avec les conséquences de nos actes. Et ne pas oublier ce qui a été fait dans le passé. Ne pas oublier est la partie la plus complexe. Si on se rappelle, on ne répète pas les mêmes schémas et on réduit ses risques de vivre avec davantage de regrets.

J'ai beaucoup de regrets. Des petits, des grands. Peu de choses que je peux changer, cependant, mais j'ai cru que je devais mettre cartes sur table… ou, plutôt, mettre des mots sur la page, malgré tout. Le problème – ce qui rend la cohabitation avec les regrets si pénible et que beaucoup de gens ne semblent pas comprendre –, c'est que les regrets ne sont pas des erreurs. Pas toujours. Presque jamais, en fait. On a fait des choix à un certain moment. La majeure partie du temps, on prend une décision au mieux de nos connaissances, avec l'intime conviction de faire ce qu'il faut… et on regrette plus tard. Ce qui, rétrospectivement, peut sembler une erreur n'en est pas vraiment une…

Donc, mes regrets… Le premier, et le plus grand, le plus évident… Je regrette d'être né ainsi. J'aurais tellement voulu que mon corps, ma tête, mes chromosomes, tous s'entendent. Je ne souhaite pas être une femme, mais, si tous ces éléments en avaient décidé ainsi, à l'unisson, soit. Je serais une femme. J'aurais aimé ne pas pouvoir écrire ce livre. J'aurais aimé ne pas savoir ce qu'on ressent quand on est déchiré entre deux identités pendant si longtemps et ne pas comprendre exactement ce qu'un jeune veut dire quand il m'écrit: « J'ai mal. » Je me demande sans cesse comment aurait été ma vie si j'étais né… bien fait. Certains diront que les personnes trans sont nées correctement, toutes bien faites, mais ce n'est pas de cette manière que je me perçois. Il y a eu du sable dans l'engrenage – un sable que personne n'a mis, qui est apparu comme ça – et tout a changé *in utero*. J'aurai toujours ce regret de n'avoir pu vivre une vie où la transidentité n'aurait été qu'un truc dont j'aurais entendu parler ici et là, et non quelque chose qui m'aurait façonné.

Second regret… Et il s'agit de quelque chose que, contrairement au premier, j'aurais pu contrôler. J'aurais aimé commencer ma transition avant. J'aurais aimé comprendre avant. Combien d'années aurais-je pu gagner? Combien de moments mal vécus? D'aucuns diraient qu'ils n'ont pas été mal vécus parce que je ne savais pas… Mais il est difficile de voir les choses sous cet angle quand il y a tellement d'éléments qui auraient été différents, et bien des douleurs qui auraient pu être évitées si j'avais compris. Je pourrais faire porter le blâme aux cours de formation personnelle et sociale ou à l'infirmière de l'école, qui prétendait que les gars avaient un pénis et les filles, un vagin, et que rien d'autre n'était possible. Je pourrais faire porter le blâme à la télévision ou au cinéma pour ne pas m'avoir montré d'images auxquelles j'aurais pu m'identifier. Je pourrais faire porter le blâme aux auteurs qui n'ont pas écrit de livres sur le sujet, ou même aux personnes trans des alentours qui n'ont pas su se montrer visibles. Mais ça donnerait quoi ? Ultimement, j'ai le sentiment que j'aurais dû savoir. Il s'agit de quelque chose de si intense, personnel et profond. J'aurais dû comprendre ; je ne crois pas que je vais me pardonner un jour d'avoir mis plus de dix ans à saisir qui j'étais.

Tellement de choses auraient été différentes. Les deux principales étant : Félix et Tristan. Je suis (presque) convaincu que je n'aurais pas eu d'enfants si j'avais compris tôt. Les hommes trans peuvent porter des enfants, ce n'est pas la question. Est-ce que MOI, je suis de ces hommes trans qui portent des enfants ? La réponse est non. J'aime mes fils, ce n'est pas non plus la question. Et la remarque : « Tu aurais manqué quelque chose de magnifique » est déplacée. Je n'aurais pas été conscient de manquer quelque chose, je n'aurais pas pu me dire « dommage que Tristan et Félix ne fassent pas partie de ma vie », parce que je n'aurais connu ni Félix ni Tristan… Dans un documentaire que j'ai regardé lorsque j'écrivais *Garçon manqué*, une maman racontait que son petit garçon trans, lorsqu'il était âgé de cinq ou six ans, lui avait dit « j'aurais aimé ne pas exister » et elle lui avait répondu qu'elle se serait trop ennuyée de lui, s'il n'avait pas été là. Et le petit garçon a répliqué : « Je ne t'aurais pas manqué, parce que tu ne m'aurais pas connu. » C'est un peu la même chose.

Avoir compris avant, je n'aurais probablement pas eu d'enfants tout court, même plus tard, même avec un conjoint. Quand on n'est plus obsédé par son identité, on découvre des choses sur soi qu'on relègue au second plan, comme un désir de voyage, de vivre dans un minuscule espace, de simplicité volontaire, choses impossibles quand on a des enfants qui ne sont pas adultes. Je le répète, j'aime mes enfants et j'aime faire des trucs avec eux, je veux leur insuffler de bonnes valeurs et qu'ils deviennent des adultes qui se dépassent et qui remettent le monde en question. Reste que le regret de ne pas avoir saisi en quoi consistait ma différence plus tôt et celui de ne pas avoir fait ma transition lorsque j'étais encore adolescent les effacent de mon existence.

Autre regret: ne pas avoir cherché de l'aide pour mes troubles alimentaires. Des milliers de dollars de dettes, liées à des achats impulsifs de nourriture, que j'ai pris des années à effacer, des mois de travail ruinés par quelques semaines de rechute, des insultes intérieures, des déprimes et un découragement perpétuel, c'est ce que m'a valu mon inaction. Même au début de ma transition, quand je voyais des psychologues, je n'ai rien dit… C'est vraiment stupide, quand on y pense. Je savais que c'est quelque chose dont on ne guérit jamais complètement, mais je n'avais pas encore compris qu'on peut y survivre.

L'INFLUENCE POSITIVE DE LA TRANSIDENTITÉ

J'ai parlé de ce que je crois avoir manqué, mais, selon les choix que j'ai faits, de belles choses sont arrivées. Si je ne les avais pas faits, je ne serais pas en train d'écrire ces mots sur l'un des sièges du vieux Forum, au Cineplex Forum, en attendant que le film étranger que je veux voir depuis des mois commence. Je n'y serais probablement pas, parce que j'ai découvert le cinéma allemand grâce à un film dont le personnage principal est trans. Et je ne serais certainement pas en train d'écrire ceci, puisqu'on ne m'aurait jamais proposé ce projet.

Si on ne cesse de ressasser ses regrets, notre vie est vouée à n'être qu'un long et pénible voyage au pays de la tristesse, et je ne souhaite ça à personne. Alors, parlons des belles choses.

Il est difficile de dire de quoi je suis le plus fier, entre mes études, ma transition et mes romans. Peut-être que, pour un œil extérieur, je devrais être immensément heureux d'avoir pu me montrer tel que j'ai toujours senti que j'étais, et que les autres choses devraient ainsi être reléguées aux deuxième et troisième rangs… Mais, honnêtement, je crois que mes romans sont ce qui me rend le plus heureux. Ma transidentité a été l'une des raisons de la publication de mes histoires et a orienté mes études, et je suis plus fier de ces éléments que d'avoir eu les couilles – même métaphoriques – de faire une transition. Comme quoi je suis peut-être trans, mais je suis aussi beaucoup plus, et je peux me sentir valorisé par autre chose que mon identité, bien qu'elle ait une importance capitale pour moi, bien évidemment.

Reste que tout part de la transidentité, pour moi. Si je n'avais pas senti que j'étais différent, si j'avais réellement été une femme cisgenre comme ce fut en apparence le cas pendant vingt-six ans, je n'aurais pas été homosexuel, je ne me serais probablement pas intéressé d'aussi près aux enjeux LGBTQ, que je ne côtoyais pas du tout avant cela. Je n'aurais donc pas écrit *Recrue*. Je n'aurais pas été publié, je n'aurais pas réalisé que le paysage de la littérature québécoise manquait de personnages trans, je n'aurais écrit ni *Garçon manqué* ni *Éloi* et encore moins *Trans*. Je n'aurais probablement pas pu publier non plus *Quand le destin s'en mêle*, ni aucun des prochains romans qui viendront sous peu. Mon rêve de devenir auteur ne se serait peut-être pas concrétisé. Il faut de la chance, dans ce milieu. De la chance et du talent, mais pas qu'un seul des deux. Et j'ai eu un peu des deux. J'ai écrit *Recrue*. Parce que j'ai fait ma maîtrise sur l'homosexualité en littérature jeunesse. Parce que j'écrivais des sous-textes homosexuels partout, apparemment. Parce que je me sentais comme un homme gai. Parce que je suis trans.

Alors, bien que la transidentité m'ait causé plusieurs torts psychologiques, douleurs physiques et pertes, j'en suis au point où je peux dire qu'être trans a été une bonne chose pour moi. En plus de mettre un mot sur mon émotion, j'ai pu me libérer. Et écrire ces récits qui, je crois – même si je suis toujours surpris qu'on me le rappelle ou qu'on me le prouve encore une fois –, ont fait comprendre à d'autres qu'ils n'étaient pas seuls. C'est fou, non ? Moi, petit gars de la Rive-Sud, j'ai fait ça. Où qu'elles soient, ces personnes, je serai toujours avec elles. Si elles écrivaient leurs histoires, Thomas, Éloi, Max, Anouk... y joueraient un rôle important. *Recrue*, *Garçon manqué* et *Éloi* m'ont permis de laisser cette trace qui était si chère à mon cœur. Quand je serai parti, les romans perdureront. J'aurai pu changer quelque chose, et c'est tout ce que je voulais.

Idem pour mes études. Être fier de ses recherches est probablement le truc le moins cool de la planète... Reste que, comme je l'ai dit, être le premier chercheur à m'être intéressé à ces questions m'a offert plusieurs occasions incroyables : un stage en France, où j'ai pu partir en sac à dos, et puis faire des conférences, la bourse Dorais-Ryan... Ce ne sont que quelques-unes de ces chances. Plusieurs autres sont à venir, j'en suis sûr. Je publierai sûrement mes recherches et, si le milieu américain en prend connaissance, elles seront probablement traduites, puisqu'il n'y a aucun précédent. Ensuite, qui sait ? Mais, au-delà de mon rayonnement en tant que chercheur, c'est l'influence de ces recherches qui me stimule le plus et me rend heureux. Mon étude va peut-être aider les futurs auteurs à aborder les sujets gais, bisexuels, lesbiens, trans ou *queer* de manière plus sensible, ou aider les éducateurs à voir ces romans pour ce qu'ils sont : des études sociales, des fragments de vie, des images d'un temps donné.

Vous savez comme j'aime les voyages et, grâce au doctorat, j'ai pu aller en Europe de nouveau et j'ai pu voyager aux États-Unis. Discuter de mes conclusions et parler avec d'autres chercheurs est toujours très stimulant. Découvrir de nouveaux endroits l'est tout autant. S'ouvrir sur le monde nous rend meilleurs, c'est certain. Et j'aime penser que ces voyages, amenés par mes études, (et les autres, faits par loisir) m'auront permis d'être un meilleur auteur et un meilleur chercheur… En étant un meilleur chercheur, je peux faire ensuite d'autres voyages. C'est une roue qui tourne. C'est un cercle qui n'a rien de vicieux.

ET PUIS APRÈS ?

Je considère personnellement que j'ai terminé ma transition. C'est vrai que, toute ma vie, je vais devoir prendre de la testostérone pour soutenir mon organisme ; médicalement parlant, rien ne sera jamais terminé. Mes chromosomes seront toujours les mêmes. Ces fichus chromosomes… Certaines personnes, ferventes défenseuses du « on naît d'une certaine manière, on doit rester ainsi ! », utilisent l'argument des chromosomes pour justifier leur mentalité. Croient-elles que nous – les personnes trans – essayons de changer nos chromosomes ? Avoir ce pouvoir, je crois que je le mettrais au service de l'humanité entière ! Imaginez les bienfaits que cela aurait en ce qui concerne les maladies génétiques ? Mais il est impossible de changer ce genre de chose. Pour le moment, du moins. Et personne ne prétend y arriver par la transition. Ce qui fait que je me sens bien dans mon corps, en paix, que je suis perçu et accepté comme un homme par de simples passants dans la rue, c'est la transition. Mes chromosomes sont secondaires, quand il est question de perception. Je suis né XX, je mourrai XX.

Rien ne m'empêchera cependant de continuer à prendre de la testostérone pour que mon XX ne transparaisse pas.

Après six chirurgies en trois ans et demi, je suis satisfait de mon corps. Aussi satisfait qu'un éternel insatisfait peut l'être, je suppose. Je peux vivre dans ce corps, c'est ce que je veux dire. Toutes les améliorations qui pourraient encore être possibles ne seront aucunement liées aux chirurgies ou à la transition. Elles seront liées à ma volonté d'améliorer mon physique. Je sais qui je suis.

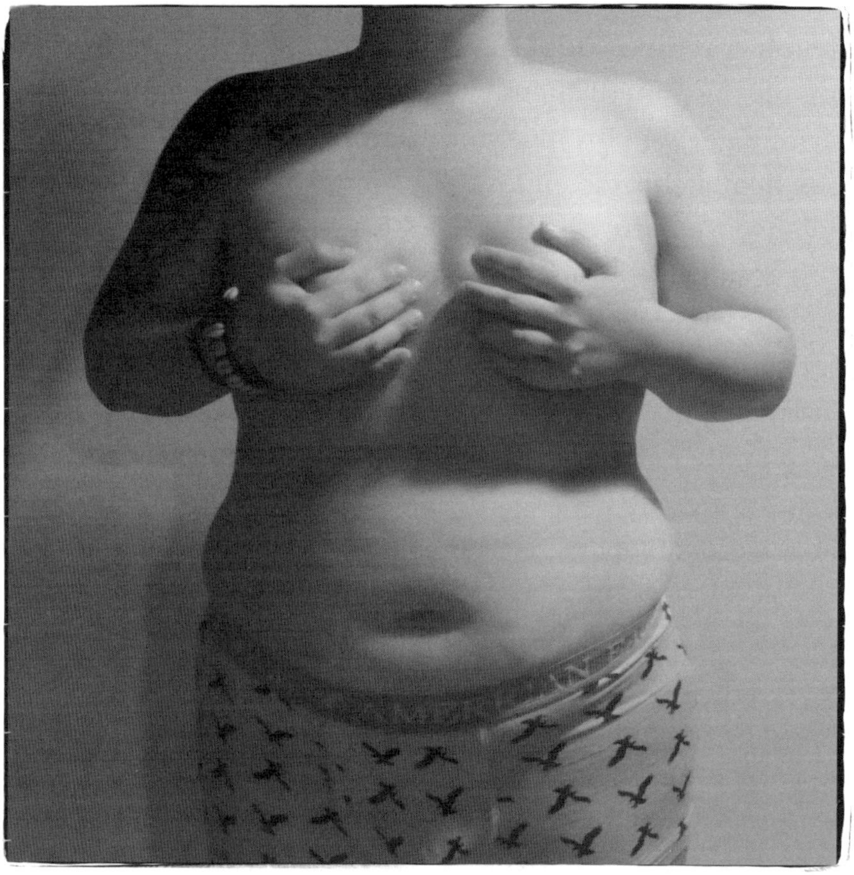

25 mai 2013, neuf jours avant
de commencer la testostérone.

Étant donné que je considère ma transition comme terminée, on dirait que parler de transidentité est devenu secondaire. Pour moi, évidemment. Si on remet les choses en perspective, puisque je suis membre d'une société, il est encore important de parler de transidentité. C'est

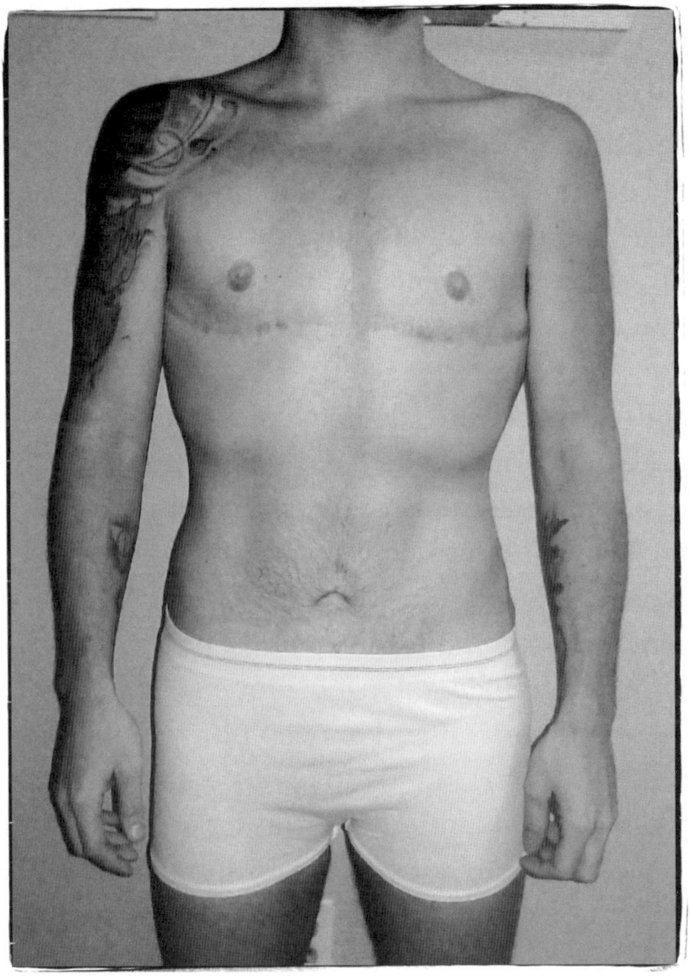

Janvier 2017, quatre ans après
le début de ma transition.

pourquoi j'écris ces mots, assis sur le béton froid, près de l'édifice où je travaille, pendant ma pause, entre un épisode de *La femme Nikita* et un de *La panthère rose* (oui, ces deux émissions ont encore des cotes d'écoute, je vous assure). Ce que je veux dire, c'est que je m'affirme bien plus fortement en tant qu'homme gai qu'en tant qu'homme trans. Il me semble que la fin de la transition a clos ce chapitre. Celui où j'ai besoin de discuter du sujet, où je m'inquiète pour les chirurgies, où je dois expliquer mes congés, mon absence du gym ou mon air fatigué. Alors que le chapitre gai… il continue. Je n'ai pas honte de mon parcours, mais en parler ne me semble plus aussi cathartique que ce l'était il y a quelques années, quand je voulais que les gens comprennent, me respectent pour qui j'étais.

Malgré les difficultés de la transition, il faut avouer que ce fut excitant. Toute cette nouveauté, tous ces défis… Je ne me contenterai jamais de la facilité et j'aime les routes non pavées, les choses qui sortent de l'ordinaire. Alors, une transition, nécessaire de toute évidence, m'a permis d'être enfin moi-même et de rester en vie, mais elle a aussi stimulé mon adrénaline. Parfois, il me semble que tout est arrivé il y a une dizaine d'années plutôt qu'il y a quatre ans (et encore moins longtemps pour bien des choses dans ce processus…). Quand je regarde les gars trans maintenant, ceux qui entament leur transition, je me rappelle et j'aimerais bien revivre quelques-uns de ces moments. La libération qui vient après la prise de testostérone ou l'une ou l'autre des chirurgies est une émotion dont on peut difficilement se lasser. Je ne serai plus jamais à cet endroit où tout se modifie. Où on entre par une porte pour en ressortir changé, même minimalement. Chaque porte de la transition est un nouveau monde. Pour un œil extérieur, il n'a, en apparence, rien de différent, mais pour nous… tout a une nouvelle couleur, un nouveau goût. Souvent, c'est le goût de vivre qui se trouve derrière la porte. Ce serait bien suffisant pour rendre courageux n'importe qui…

Alors, quoi ? Qu'est-ce qui m'attend, maintenant ? La fin du doctorat, c'est certain. Après tout ce temps et ces recherches, pas question d'abandonner. Quoi d'autre ? D'autres histoires. Trois romans, pour commencer. Ensuite, je verrai. Ma tête bourdonne de plusieurs projets. Il suffit de les mettre en branle, de les caser dans le temps. Et du temps, j'en ai, maintenant. Si aucun événement hors de mon contrôle ne se passe, j'ai encore plusieurs années devant moi avant de mourir. Et, contrairement à il y a quelques années, cette constatation m'enchante.

Je me rends compte de ma chance. Ma transition s'est relativement bien passée, sans trop de complications, j'ai un emploi que j'adore, et la possibilité d'écrire et d'être publié. La célébrité ou la reconnaissance ne me sont d'aucun intérêt, mais toucher les gens avec des histoires… alors ça, c'est ce que je veux.

Des voyages ! Je veux remonter le Nil, voir les pyramides, faire du surf en Australie, voir les ruines mayas… L'an prochain, j'irai dans l'un des plus beaux endroits du monde : Santorin, en Grèce. Et puis Athènes, pour marcher sur l'Acropole, connaître d'autres cultures. Je repasserai par l'Angleterre, ma maison loin de la maison. J'aurai peut-être la chance de retourner en France pour mes études et, tant qu'à être tout près, je risque de faire un détour par l'Espagne ou l'Italie. Je n'ai pas encore décidé quel endroit me tente le plus...

Même si l'imaginaire est aussi un pays, la réalité a une immensité que je ne veux pas ignorer. Je ne peux rester là, à attendre que le temps passe. Je ne *peux* pas. Je pourrais apprendre des centaines de procédés lexicaux, travailler mes tournures de phrases pendant des années, seul dans une serre, à la Zola, mais je crois fermement que le côté humain, le côté étranger de l'écriture... je ne le perfectionne qu'en étant dans un endroit inconnu, sans repères, avec seulement un désir de liberté. C'est ça, la lecture : la liberté. Alors, l'écriture... doit l'être aussi un peu, non ?

Des triathlons ! Des courses ! Depuis que j'ai en quelque sorte fait la paix avec la nourriture et avec mon corps, le sport a pris une grande place dans ma vie. J'aurai probablement des rechutes, ce que je ne souhaite pas, évidemment. Mais soyons réaliste : l'OSFED n'est pas une maladie de laquelle on guérit. Le meilleur moyen de prévenir un retour, c'est de me trouver d'autres objectifs à atteindre. Après les courtes distances à la course et les longues distances en vélo, et vu ma (lointaine) carrière de nageur, la suite me semblait logique. Combiner ces trois disciplines et repousser mes limites. Avec quelques courses derrière le dossard l'an dernier, des centaines d'heures sur une selle de vélo et un entraîneur en piscine, je devrais survivre.

Je ne gagnerai probablement pas ces triathlons, mais j'y participerai. Parce que cette personne que j'étais il y a seulement cinq ans, celle qui marchait dans ce monde sans savoir où aller et qui ne prenait jamais soin d'elle parce que, à quoi bon, elle allait probablement mettre fin à sa vie bientôt... Cette personne n'existe plus. Je suis maintenant un homme qui sait ce qu'il veut et qui n'a pas peur de chercher, quelqu'un qui veut vivre et quelqu'un qui aime se dépasser, parce qu'il n'a pas peur de creuser ni de ne pas avoir le contrôle absolu. Je suis un auteur qui a encore des histoires à raconter, je suis un parent qui veut partager des choses et des leçons de vie, je suis dans un corps qui me représente. Je suis un athlète, maintenant. J'existe, et il me reste des centaines d'aventures à vivre.

RETOUR CHEZ SOI

Mon histoire vous a peut-être parfois paru étrangement familière, et peut-être vous y êtes-vous reconnus en grande partie. Dans ce cas, j'espère vous avoir fait sentir que vous n'étiez pas seuls. Sinon, j'espère que ce voyage dans ma tête et dans mes souvenirs vous aura, à tout le moins, divertis et, dans le meilleur des cas, vous aura éclairés et vous aura fait voir que la vie d'une personne trans peut être heureuse et épanouie. Que grandir en étant trans n'est pas toujours synonyme de malheur et de tristesse, mais que, parfois, il y a de ces moments où la fin – la mort – semble un meilleur état que le *statu quo*.

La transition est un geste nécessaire, vital et profondément libérateur. Personne ne choisit de faire une transition pour le plaisir. On ne décide pas tout bonnement de risquer de perdre sa famille, ses amis, son emploi, pour une lubie. Pas plus qu'on ne se lance dans un processus qui pourrait nous coûter la vie seulement parce que vivre en tant que membre du genre opposé semble intéressant. Qui vivrait tout ça si ce n'était pas intrinsèquement nécessaire ? Poser la question, c'est y répondre.

Avec *Trans*, j'ai pu remettre beaucoup de choses en perspective et, alors que les souvenirs me revenaient peu à peu, je me suis davantage compris. Ce fut une écriture douloureuse, je ne mentirai pas, mais je suis content de l'avoir fait.

Je tiens à ajouter, cependant, qu'il y a autant d'histoires que de personnes trans. J'ai eu la chance de mettre la mienne entre vos mains, mais, si quelqu'un d'autre avait raconté son parcours, vous auriez peut-être eu droit à celui d'un enfant qui savait, dès son plus jeune âge, qu'il aurait dû naître autrement. Ou au récit d'un adolescent qui avait trouvé sa place dans la communauté lesbienne et qui a dû changer de milieu en réalisant qu'il était trans. Ou à l'histoire d'un autre qui a été rejeté par sa famille. Ou bien au témoignage de quelqu'un qui a attendu et attendu et qui, finalement, dans la quarantaine, a fait le saut. Ou encore au cheminement d'un autre pour qui toutes les chirurgies offertes étaient nécessaires et essentielles à sa survie. Nous sommes tous différents, mais nous nous sentons tous étrangers dans notre propre corps, un sentiment difficile à décrire et à expliquer.

J'espère que, dans les prochaines années et les prochaines décennies, les jeunes et les adultes qui se découvriront trans n'auront plus autant d'obstacles à surmonter. J'espère que nous pourrons, en tant que société, faire en sorte que des discours haineux et violents, tels qu'il y en a encore sur les réseaux sociaux et les tribunes, soient chose du passé. Un peu de compassion pour sauver des vies…

C'est un geste héroïque, non? Tout le monde peut sauver une ou des vies, tout le monde peut être un héros, faire une différence. Il suffit d'accepter qu'il y a des choses qu'on ne saisira jamais complètement. On a tous de la difficulté à admettre nos limites, on est humains. Il faut simplement écouter – ou lire – autrui. Alors, pour avoir fait ce geste et pris ce livre entre vos mains et en avoir tourné les pages, je vous dis merci.

Comme dirait John Keating, le personnage de Nancy H. Kleinbaum, dans *La société des poètes disparus*, joué par Robin Williams:

« Not matter what anybody tells you,

words and ideas can change the world.

The powerful play goes on and you may contribute a verse.

What will your verse be? »

« Peu importe ce que les gens vous disent, les mots et les idées peuvent changer le monde.

Cette puissante pièce de théâtre continue et vous avez la possibilité d'y ajouter un couplet.

Quel sera-t-il ? »

Je suis Samuel. Et vous, qui êtes-vous ?

RESSOURCES AU QUÉBEC

Aide aux trans du Québec
www.atq1980.org
Ligne d'écoute confidentielle : 514 254-9038

AlterHéros
www.alterheros.com

Centre 2110 (Centre for Gender Advocacy)
www.centre2110.org
genderadvocacy.org

Centre de prévention du suicide
www.cpsquebec.ca
1 866 277-3553

D'un autre genre (forum)
dunautregenre.xooit.com/index.php

Enfants transgenres Canada
enfantstransgenres.ca

Fondation Émergence
www.fondationemergence.org

Gai Écoute
www.gaiecoute.org
Montréal : 514 866-0103
Ailleurs au Québec : 1 888 505-1010

GRIS-Montréal
www.gris.ca/2009/index.php

Head and Hands
headandhands.ca/fr/programmes-services/sante

Hôpital de Montréal pour enfants
Child Development Program - Gender Variance
514 412-4314

Jeunesse J'écoute
www.jeunessejecoute.ca
1 800 668-6868

Jeunesse Lambda
www.jeunesselambda.org

maSexualité.ca
www.masexualite.ca

Projet 10
p10.qc.ca/about-2?lang=fr

Tel-Jeunes
teljeunes.com/accueil
1 800 263-2266

TransParent Canada
www.transparentcanada.ca/?file=kop1.php

RESSOURCES EN EUROPE

Association des Parents et futurs parents Gays et Lesbiens
www.apgl.fr

Contact
www.asso-contact.org
08 05 69 64 64

Ex-æquo (infos pour les jeunes se questionnant sur leur orientation sexuelle)
jeunexaequo.be

Fil santé jeunes (questions relatives à la sexualité)
www.filsantejeunes.com
08 00 23 52 36

L'Inter-LGBT (Marche des Fiertés de Paris)
www.inter-lgbt.org

Le Refuge (ligne d'écoute contre l'isolement des jeunes)
www.le-refuge.org
06 31 59 69 50

Ligne Azur (ligne d'écoute)
www.ligneazur.org
08 01 20 30 40

MAG jeunes LGBT (jeunes gais, lesbiennes, bi et trans âgés entre 15-26 ans)
www.mag-paris.fr

SOS Homophobie (ligne d'écoute)
www.sos-homophobie.org
01 48 06 42 41

Achevé d'imprimer
sur les presses de
Imprimerie H.L.N.
Imprimé au Canada - Printed in Canada